国家电网有限公司
三项制度改革百问百答

国家电网有限公司　编

中国电力出版社
CHINA ELECTRIC POWER PRESS

图书在版编目（CIP）数据

国家电网有限公司三项制度改革百问百答／国家电网有限公司
编 . —北京：中国电力出版社，2020.7（2020 .8 重印）
ISBN 978-7-5198-4575-9

Ⅰ . ①国… Ⅱ . ①国… Ⅲ . ①电力工业－工业企业管理－中
国－问题解答 Ⅳ . ① F426.61-44

中国版本图书馆 CIP 数据核字（2020）第 068700 号

出版发行：中国电力出版社
地　　址：北京市东城区北京站西街 19 号（邮政编码 100005）
网　　址：http://www.cepp.sgcc.com.cn
责任编辑：石　雪（010-63412557）
责任校对：黄　蓓　王海南
装帧设计：北京宝蕾元科技发展有限责任公司
责任印制：钱兴根

印　　刷：北京瑞禾彩色印刷有限公司
版　　次：2020 年 7 月第一版
印　　次：2020 年 8 月北京第二次印刷
开　　本：787 毫米 ×1060 毫米　16 开本
印　　张：10
字　　数：137 千字
定　　价：55.00 元

编委会

主　任　毛伟明
副主任　辛保安
委　员　韩　君　黄德安　罗乾宜　刘泽洪　张智刚

编审组

前言

PREFACE

　　这是一个变革的时代。当前，世界经济增长持续放缓，世界大变局加速演变的特征更趋明显，全球动荡源和风险点显著增多。我国正处在转变发展方式、优化经济结构、转换增长动力的攻关期，经济下行压力加大。中央指出，发展环境越是严峻复杂，越要坚定不移深化改革，健全各方面制度，持续提升国资国企改革成效，善于运用制度优势应对风险挑战冲击。公司经营形势严峻，国企改革、电力改革和企业内部改革交织叠加，在近两年一般工商业电价连续下调的基础上，政府再次提出降低企业用电成本要求。公司要充分落实降电价要求，助力国家经济发展，履行普遍供电服务的社会责任。同时，还需要严格加强内部管理，向管理要效益，完成国资委下达的考核指标，确保资产保值增值。

　　事业发展关键在人。广大员工队伍蕴含着无穷智慧和巨大力量，企业只有通过有效机制充分调动员工积极性、主动性、创造性，才能汇聚干事创业的强大合力，将发展蓝图变为现实。劳动、人事、分配制度（简称"三项制度"）是企业经营管理的核心制度，是推进市场化经营机制建设的"牛鼻子"，是国企体制机制改进和完善的最重要基础工作，是国资委深化改革的重要任务和基本目标。深化三项制度改革，既是适应社会主义市场经济体制的迫切需要，也是增强企业活力、提高企业竞争力的重要措施，更是充分调动广大干部员工积极性、激发创造力的重要途径。

近年来，公司持续推进内部人力资源市场建设、不在岗人员规范清理、待岗降岗管理、劳动合同电子化、全员绩效评价、中长期激励等工作，人力资源管理水平和效率效益显著提升。2018 年以来，按照国资委统一部署，公司三次印发全面推进三项制度改革指导意见，各单位积极探索实践，在市场化选人用人、岗位聘任制管理、收入分配激励等方面取得了积极成效。为进一步统一思想，凝聚改革共识，明晰改革路径、重点任务和工作方法，回应广大干部员工普遍关注的焦点、热点和难点问题，展示各单位的典型和先进做法，营造"人人知晓、人人理解、人人参与"的改革氛围，公司人力资源部组织编写了《国家电网有限公司三项制度改革百问百答》（以下简称"百问百答"），提炼汇集了部分单位典型优秀做法，供大家启发思路，学习借鉴。

百问百答采用"一问一答"与案例相结合的形式，全书分为三部分，共计 100 个问答、106 篇小案例：第一部分基础篇，介绍了三项制度改革的背景、目标、成效及主要内容；第二部分实践篇，包含"能上能下""能进能出"及"能增能减"三个小节，对干部员工在三项制度改革实施过程中广泛关心的问题进行了答疑解惑；第三部分保障篇，对推动三项制度改革的长远保障机制进行了探讨。

本书的编制和出版，得到了公司领导和各单位的大力支持。公司领导高度关注三项制度改革推进情况，对各项工作进行批示和指导。各单位积极组织案例编写和提出修改意见，共计报送案例 400 余篇，经五次集中编审最终入选约 25%，入选案例较多的为国网重庆、湖北、江苏、四川、江西、福建、甘肃、天津、山东、浙江电力等省公司，其中，国网玉山县供电公司三项制度改革案例由公司正式发文在系统内推广。入选案例基本具备创新性、示范性和可借鉴性。编写组成员密切配合，努力工作，高质量完成了各项任务，其中，1~10、91~100 题由国网湖北电力杨光明、陈涛、戢成臣、秦成华编写，11~31 题由国网重庆电力房劲、赵东阳、廖军鹏、罗丹琳、王颖凯编写，32~64 题由国网吉林电力马大庆、闫星宇、刘利平编写，65~90 题由国网江苏电力张佳敏、陈进美、缪晓刚编写。1~18 题由缪晓刚审核，19~38 题由杨光明审核，39~62 题由刘子煜审核，63~80 题由刘利平审核，81~100 题由冯冰审核。国网重庆、湖北、吉林、江苏、甘肃、四川、天津、山东、福建、浙江电力等 10 家省公司人资专业人员参与了本书的修订与编审工作。在此，向所有参与典型案例编写、百问百答编制与修订的人员致以诚挚谢意。

成书过程中，正逢 2020 年春新冠肺炎疫情暴发，举国打响防疫战斗，公司迅速响应，统筹疫情防控和改革发展要求，先后四次出台 36 项举措，坚决贯彻落实中央精神，展现国家电网责任担当和大局胸怀。广大干部员工恪尽职守、担当作为，以实际行动践行人民电业为人民宗旨。这场战斗凝聚起攻坚克难的强大正能量，激励我们坚定信念，立足岗位，砥砺前行。希望公司各级负责人及人资专业用工、组织、薪酬、绩效、人才管理等相关人员，认真研读本书问题与解答，充分学习借鉴先进经验，深入推进本单位三项制度改革工作，不断提升管理效益和效率，为建设具有中国特色国际领先的能源互联网企业奉献力量。

编者

2020 年 6 月

目录
CONTENTS

PART 2

（二）"能进能出"

保障篇

PART 3

基础篇

❶ 什么是三项制度改革?

答：三项制度改革是指国有企业针对"劳动、人事、分配"等方面开展的内部变革，是建立现代企业制度、形成协调均衡法人治理结构和灵活高效市场化经营机制的重要举措，目标是增强企业活力、激发员工动力、实现企业与员工共同发展。

❷ 三项制度改革有怎样的历史沿革?

答：自 1978 年以来，我国的国有企业改革大致可以分为放权、现代化、股份制、全面深化改革等四个阶段。三项制度改革作为一条主线贯穿于国资国企改革始终，在每一个阶段呈现出不同的特征。

放权阶段	现代化阶段	股份制阶段	全面深化改革阶段

1978   **1993**   **2003**   **2013**

国企改革	国企改革	国企改革	国企改革
推进自主经营（扩大企业自主权）、利改税（利润留成、盈亏包干）、承包经营（厂长经理承包制，包死基数，确保上交，超收多留，欠收自补）等。	推进股份制试点，建立"产权清晰、权责明确、政企分开、管理科学"的现代企业制度，上万家国有、集体中小企业改制退出公有制。	2003年3月，设立国资委。十六届三中全会中指出，要"建立健全现代产权制度，产权是所有制的核心和主要内容"，发展混合所有制经济。	2015年，中共中央、国务院印发《关于深化国有企业改革的指导意见》。2016年，国务院印发《关于国有企业发展混合所有制经济的意见》，明确建立健全混合所有制企业治理机制。

三改破冰前行	三改重点突破	三改深入推进	三改全面深化
1992年1月25日，国务院《关于深化企业劳动人事、工资分配、社会保险制度改革的意见》发布，提出"深化企业劳动人事、工资分配和社会保险制度改革"。	2001年，印发《关于深化国有企业内部人事、劳动、分配制度改革的意见》，意见指出要进一步深化"六能"管理机制。改革过程中，大量原中小企业职工丢掉了"铁饭碗"。	2009年10月，国资委发布《关于深化中央企业劳动用工和内部收入分配制度改革的指导意见》《关于进一步加强中央企业全员业绩考核工作的指导意见》，加强对大型中央企业的内部三项制度改革深化。	2016年，国资委发布《关于进一步深化中央企业劳动用工和收入分配制度改革的指导意见》，要建立与社会主义市场经济相适应、与企业功能定位相配套的市场化劳动用工和收入分配管理体系。

电力改革	电力改革	电力改革	电力改革
国家设立水利电力部，打破中央政府独家办电格局；电力企业逐步实施政企分开。	1997年，国家电力公司成立；1998年3月，电力工业部撤销，实现政企分开的历史性转折。	2002年，国务院印发《电力体制改革方案》，电网与发电企业分开。	2015年3月15日，中共中央、国务院发布《关于进一步深化电力体制改革的若干意见》，开展了新一轮电力体制改革。

第一阶段：放权阶段（1978—1992 年）。

国企改革：推进自主经营（扩大企业自主权）、利改税（利润留成、盈亏包干）、承包经营（厂长经理承包制，包死基数，确保上交，超收多留，欠收自补）等。

三改破冰前行：1992 年 1 月 25 日，发布《关于深化企业劳动人事、工资分配、社会保险制度改革的意见》（劳政字〔1992〕2 号），指出积极探索企业内部劳动人事分配制度改革，实施劳动合同制、扩权让利改革，逐步推行岗位技能工资制，提出"深化企业劳动人事、工资分配和社会保险制度改革，在企业内部真正形成'干部能上能下，职工能进能出，工资能升能降'的机制"，要求企业内部打破"三铁"（铁饭碗、铁工资、铁交椅）。

电力改革：国家设立水利电力部，打破中央政府独家办电格局，出台系列鼓励集资办电政策，非公投资主体进入电力行业，促进了电力工业的快速发展。国有企业向市场主体、经营实体转变，电力企业逐步实施政企分开。

第二阶段：现代化阶段（1993—2002 年）。

国企改革：推进股份制试点，建立现代企业制度。1993 年颁布《公司法》，要求建立"产权清晰、权责明确、政企分开、管理科学"的现代企业制度，解决厂长经理承包制带来的问题。大面积国有企业在此期间破产，要求亏损大的国企三年脱困，改革实现较大突破，上万家国有、集体中小企业改制退出公有制。

三改重点突破：2001 年，印发《关于深化国有企业内部人事、劳动、分配制度改革的意见》（国经贸企改〔2001〕230 号），指出将人事、劳动、分配制度的改革简称为三项制度改革，提出要进一步深化"六能"管理机制。改革过程中，大量原中小企业职工丢掉了"铁饭碗"，从国有企业下岗，重新再就业。

电力改革：1997 年，国家电力公司成立，与电力工业部实行两块牌子、两套班子、一套人马运行。1998 年 3 月，电力工业部撤销，电力工业的政府管理职能并入国家经济贸易委员会，国家电力公司作为国务院出资的企业单独运营，标志着我国电力工业管理体制由计划经济向社会主义市场经济转变，实现政企分开的历史性转折。员工停薪留职、买断工龄、提前内退、工效挂钩等是当时三项制度改革在公司内部的具体体现。

第三阶段：股份制阶段（2003—2012 年）。

国企改革：国家将国企管理重点集中到大型国有企业，2003 年 3 月，设立国资委。2003 年 10 月，十六届三中全会《中共中央关于完善社会主义市场经济体制若干问题的决定》中指出，要"建立健全现代产权制度，产权是所有制的核心和主要内容"，探索使股份制成为公有制的主要实现形式，积极推行投资主体多元化，发展混合所有制经济，完善公司法人治理结构，实施董事会改革。

三改深入推进：2009 年 10 月，国资委发布《关于深化中央企业劳动用工和内部收入分配制度改革的指导意见》（国资发分配〔2009〕299 号）、《关于进一步加强中央企业全员业绩考核工作的指导意见》（国资发综合〔2009〕300 号），重点要深化大型中央企业的内部三项制度改革，贯彻实践科学发展观，深化中央企业劳动用工和内部收入分配制度改革，提高企业竞争力，确保中央企业持续健康发展。2010 年起改革原有的工资总额决定方式（由工效挂钩改为工资总额预算制）、完善央企负责人考核及薪酬制度等，在部分中央企业开展分红权激励试点。

电力改革：2002 年，下发《国务院关于印发电力体制改革方案的通知》（国发〔2002〕5 号），电网与发电企业分开，国家电力公司被拆分成两大电网公司、五大发电集团和四大电力辅业集团，于 2002 年 12 月 29 日成立国家电网公司。

第四阶段：全面深化改革阶段（2013 年至今）。

国企改革：2015 年，中共中央、国务院印发《关于深化国有企业改革的指导意见》（中发〔2015〕22 号），推进混合所有制改革，2020 年前基本完成国有企业公司制改革。2015 年，国务院印发《关于国有企业发展混合所有制经济的意见》（国发〔2015〕54 号），明确"分层分类推进混合所有制改革""建立健全混合所有制企业治理机制"，分三批实施重点领域混合所有制改革试点。

三改全面深化：2016 年，国资委印发《关于进一步深化中央企业劳动用工和收入分配制度改革的指导意见》（国资发分配〔2016〕102 号），明确三项制度改革是全面深化国有企业改革的重要内容，要求中央企业充分认识三项制度改革的重要性和紧迫性，加快建立"管理人员能上能下、员工能进能出、收入能增能减"的市场化劳动用工和收入分配机制，推进企业内部机制转换，为做强做优做大中央企业提供制度保障。2018 年，国务院、国资委先后下发了《关于改革国有企业工资决定机制的意见》（国发〔2018〕16 号）、《中央企业工资总额管理办法》（国务院国有资产监督管理委员会令第 39 号），强调突出国有企业薪酬分配改革的市场化方向，强化人工成本投入产出率和职工工资水平的市场对标，提出企业工资总额主要按照效益决定、效率调整、水平调控三个环节决定。2019 年 10 月，十九届四中全会对坚持和完善社会主义基本经济制度作出部署，要求坚持公有制为主体，深化国有企业改革，坚持按劳分配为主体，多劳多得，增强国有经济竞争力、创新力、控制力、影响力、抗风险能力，做强做优做大国有资本。2020 年 1 月，国资委在中央企业考核分配工作会上，提出要坚定不移持续深化三项制度改革，认为三项制度改革是推进市场化经营机制建设的"牛鼻子"，是国企体制机制改进完善的最重要基础工作，是国资委深化改革的重要任务和基本目标。

电力改革：2015 年 3 月 15 日，中共中央、国务院发布《关于进一步深化电力体制改革的若干意见》（中发〔2015〕9 号），开展了新一轮电改，在进一步完善政企分开、厂网分开、主辅分开的基础上，按照"管住中间、放开两头"的体制构架，在发电侧和售电侧开展有效竞争，实施"三放开、一推进、三强化"。以中发 9 号文为指导，出台了 6 个核心配套文件，涵盖输配电价改革、电力市场建设、电力交易机构组建和规范运行、有序放开发用电计划、售电侧改革、燃煤自备电厂监管等。

❸ 现阶段公司为什么要开展三项制度改革?

答:**一是贯彻落实党和国家决策部署的必然要求。**改革是中国发展最大的红利,是决定当代中国命运的关键。在高质量发展的今天,国有企业地位重要、作用关键、不可替代,是中国特色社会主义的重要物质基础和政治基础,是党执政兴国的重要支柱和依靠力量。公司坚决贯彻党中央、国务院关于国有企业改革的重大决策部署,坚持改革创新,不断自我完善和发展,大力推进以三项制度改革为核心的内部治理结构改革,着力破解国企改革难题,努力实现质量更高、效益更好、结构更优的发展,不断开创电网企业全面深化改革新局面。

二是公司应对外部压力的迫切需求。近年来,电力体制改革、国资国企改革深入推进,竞争环境日益激烈;一般工商业电价 2018、2019 年**连续两年平均降低 10%**,2020 年政府再次提出降低企业用电成本要求。大用户直购电降低公司利润水平,成本压力前所未有。配售电公司快速发展,吸引了部分优质用户,公司竞争压力进一步增大。另外,公司法人治理结构尚不完善,内部管理、激励约束效应未有效发挥,"铁饭碗""大锅饭"等传统思维依然存在。管理机制不活,发展动力不足,运行效率不高,市场意识、成本意识和效率意识相对薄弱,阻碍了企业发展,除弊革新迫在眉睫。

三是公司实现高质量发展的内生动力。建设具有中国特色国际领先的能源互联网企业是适应能源革命和数字革命融合发展趋势,更是对电网企业转型升级提出明确要求。公司在管理理念、管理模式、管理机制、管理水平等方面与世界一流企业仍存在着差距。要建成世界一流、实现行业领先,就需要依靠全面深化改革来促进一流管理。通过加快推进三项制度改革,切换新旧动能,激发内生动力,形成有效法人治理结构和灵活高效市场化经营机制,营造竞争择优、活力释放的良好氛围,形成专业领域高质量、高素质、高成长的人才队伍,为建设具有中国特色国际领先的能源互联网企业提供人力支撑和保障。

❹ 公司各单位在三项制度改革推进过程中，有哪些提高企业收入和利润的做法？

答：公司在全面履行社会责任的同时，积极深化三项制度改革，探索利用公司现有资源挖潜与业务拓展提升效益，如城市智慧能源系统建设、技术创新提质增效、运用大数据精准治理反窃电、带电检修大幅降低停电损失、利用现有设施拓展新业务、利用大数据实现资源共享与增值等。同时强化对新业务的人力资源激励政策支撑，确保新业务良性发展。

案例 1 | **雄安新区公司构建"城市智慧能源管理系统"生态体系，引领未来电力发展**

以城市智慧能源管理系统 (CIEMS) 打造城市智慧能源大脑，实现对电、水、气、热、冷等综合能源的实时监测、智慧调控、分析决策、智能运维等功能，积极构建覆盖城市、企业、个人的多元能源数据服务体系，以能源数据融合推动数字孪生城市建设。该系统现

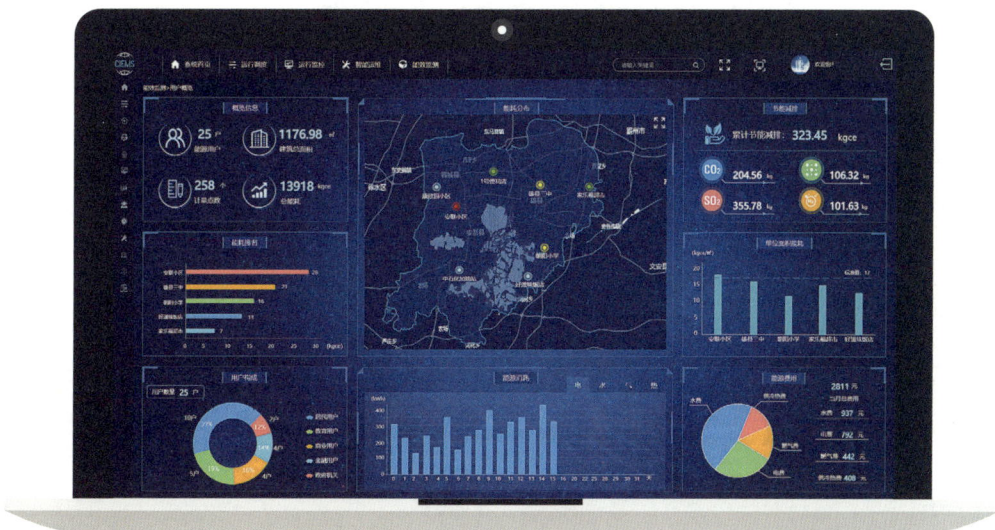

▲ 城市智慧能源管理系统

已在雄安新区市民服务中心、雄县三中项目中落地，正在积极对外推广。同步探索出了一条基于柔性团队模式的综合能源服务新模式，依托"四大资源环"（国网产业单位、高校和科研院所、驻雄大型企业、小微企业），聚合内外部优势资源，组建合作共享的柔性团队，创新收入分配和利润共享机制，开展智慧能源服务技术和商业模式研究，为产业园区、商业综合体、医院、学校的智慧用能、能效分析提供整体解决方案，有效推动了智慧能源产融协同发展，为进一步拉动能源服务利润增长奠定了基础。

| 案例 2 | 天津滨海公司大力开展创新攻关，以技术创新提质增效 |

依托"张黎明创新工作室"，累计开展技术革新 500 余项，获国家专利 192 项。"时代楷模""改革先锋"张黎明主持研发的"可摘取式低压刀闸"项目，将恢复送电时间由 45 分钟缩短至 8 分钟。创新发明"急修 BOOK 箱"，将专业知识与抢修工具相融合，在全市电力系统推广，成为抢修一线员工随身必需品。研发配网带电作业机器人，具备定位精准、路径自主规划等特点，显著降低作业人员安全风险，减少用户停电时间，已在天津地区开展试点应用，成功完成现场作业 43 次，在全国残运会等大型保电、服务客户快速接电等任务中发挥了重要作用，并于 2019 年 12 月实现量产。

▲ "最美奋斗者""改革先锋""时代楷模"张黎明带领团队创新攻关

📑 案例 3 | 重庆公司运用大数据精准反窃电

　　一是精益研判，构建三层筛查模型。整合电网运行参数、用电信息采集、客户档案信息、95598 举报等多源数据，针对低压居民窃电特征，构建了"线损预警、线损—电量相关性分析、基于特征事件时序分析的识别"三层筛查模型。**二是**创新应用，推行移动作业模式。利用移动作业平台开发反窃电微应用，实现工单直派一线、数据远程查询、核查结果及时回传、业务专家在线支持等功能，形成"数据集中存储、模型集中研判、工单集中派发"的反窃电工作模式。**三是**数据整合，打造案例数据库。建立窃电案例专项数据库，案例库可直接应用现有模型阈值进行调优及新模型研究，实现高价值数据资产的积累与应用。2019 年，重庆公司自动识别窃电嫌疑用户准确率达到 70%，反窃电经济效益增幅同比提升 40%。

📑 案例 4 | 安徽送变电公司开展特高压带电检修，
大幅降低停电损失

　　开展科研攻关，先后研制出 ±1100 千伏带电作业专用屏蔽服、通用型电位转移棒、等电位专用全防护型吊篮、84 吨大吨位卡具等多项防护用具和安全工器具，获得国家级、省部级科技创新奖项 6 项，专利 14 项。顺利完成世界首次 ±1100 千伏带电作业，消除杆塔线夹销钉脱落缺陷。以 ±1100 千伏线路为例，带电作业处理一起危急缺陷，可避免停电 6 小时，提高了输电线路的年可用率，保障了大电网的平稳运行。

▲ 安徽送变电公司开展特高压带电检修

案例 5 | 充分利用现有基础设施，开展 5G 基站挂载、电动汽车
充电等业务，积极开拓商业新模式、增加业务新收入

　　江苏南京公司创新"1G+5G"（1G 指电网）运营模式，主动对接通信运营商，在确保电力设备运行安全的前提下，开放杆塔、变电站等电力基础设施，在电力基础设施上挂载 5G 基站，高度整合利用基础资源，有效解决 5G 基站占地、建设等难题，同时，单基站每年可为公司增收数万元，实现了双方共赢。组建专业队伍开展 5G 基站运维业务，盘活用工存量的同时，加强激励机制建设，鼓励"干新业务、有新收入"。

▲ 江苏南京公司在电力基础设施上挂载 5G 基站，增加业务新收入

　　湖北武汉公司利用变电站建设用地，与电动汽车公司、通信运营商共建合作，实施变电站、数据中心站、电动汽车充电站等"多站合一"建设，对外开展数据中心场地租赁、电动汽车充电等商业运营，推进将能源业务与通信、数据存储、增值服务融合，拓展新的业务增长点。在 110 千伏答王庙变电站，用 15 台标准柜存放数据公司服务器（年租金 100 万元），建设电动汽车充电站（年租金 75 万元）。目前与相关科技企业达成 8 年场地租赁协议，协议期内预计总收入超过 1400 万元，投资回收期 5~6 年。

案例6 | 吉林公司开展"智能电力大数据+金融"战略合作，实现资源共享与增值

　　成立智能电力大数据咨询公司，充分利用数据资源优势，创新开展数据资源共享和商业化运营。与金融监管部门及商业银行签订合作协议，经企业授权后，向银行提供企业用电数据分析、潜力贷款客户甄别分析等数据服务产品，辅助其贷前授信和贷后风控；向金融监管机构提供"能源企业白名单"数据服务产品，搭建金融供需匹配平台；向中小微企业提供综合能源增值服务产品，带动产业链协调发展。通过构建从智能电力大数据产品到金融服务的良性循环发展机制，在服务地方经济发展的同时，为公司创造了新的利润增长点。同时积极组织研究新形势下人才培养和激励约束机制，促进新业态长远发展。

▲ 吉林公司利用电力大数据推进中小微企业金融服务

案例 7 | 江苏综合能源服务公司
积极拓展市场化业务

在能源生产板块，以投资和运营方式为主，积极拓展光伏和生物质发电等资源综合利用、公交充电场站、多能互补协调优化等项目；**在能源消费板块，**通过能源托管、节能服务等方式，累计服务 11 家政府机关、12 家医院、7 所学校及一批商业综合体和工矿企业；**在能源交易与辅助服务板块，**2019 年市场化售电签约电量 62.7 亿千瓦时，聚合电网侧储能资源参与辅助服务市场，聚合 150 万千瓦客户侧负荷资源参与电力需求响应，超前开展碳资产交易和绿证交易研究；**在能源平台经济板块，**研发"能源 e+ 服务平台"，为客户提供一体化解决方案和定制化用能服务。2019 年，公司完成综合能源服务业务收入 21.8 亿元，同比增长 172%。

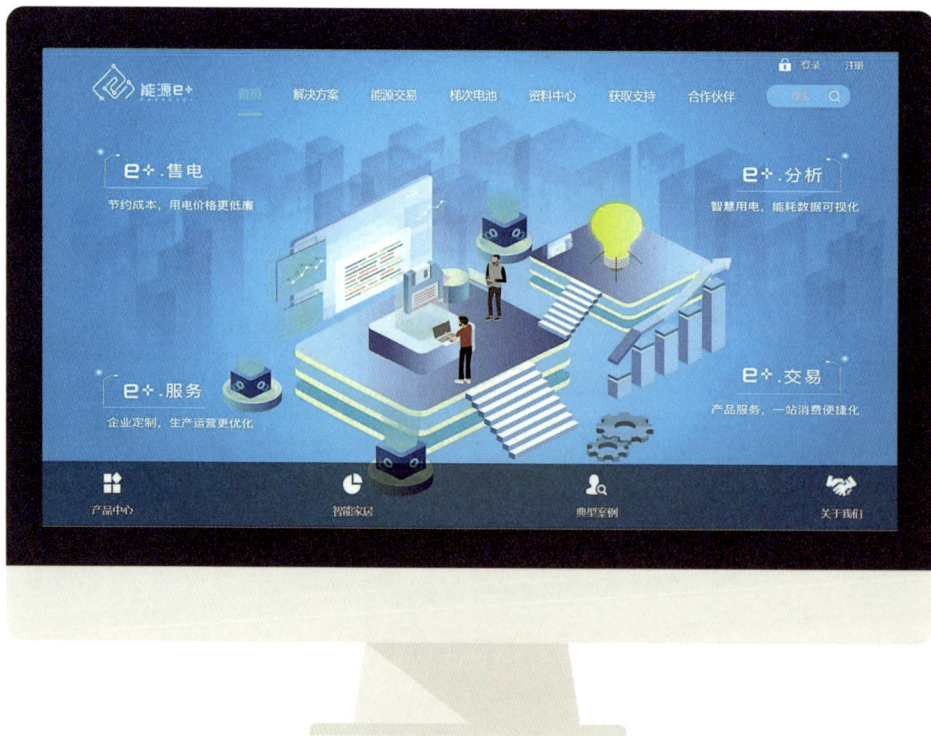

▲ 江苏综合能源服务公司能源 e+ 服务平台

案例 8 | **创新市场化单位激励约束模式，持续加大人力资源支撑力度，建立提质增效的长效机制**

　　吉林公司针对综合能源、送变电施工、设计、监理、新能源等单位建立市场化考核激励方式。关键业绩指标数量平均精简 50%，取消专业工作考核和管理提升亮点考核两类指标。实施利润总额"高目标、高激励"分档策略，建立超额利润奖。2019 年，完成利润目标的市场化单位企业负责人，最高获得超额利润奖 8.44 万元，未完成利润目标的给予处罚 5.52 万元。

　　山东公司以营业收入、社会业务占比、利润等指标为重点评价要素，对全省综合能源服务业务实行"赛马制"考核激励。针对综合能源公司本部，设定卓越、进取和基本目标，员工收入最高、最低分别可达全省同层级的 1.5 倍、0.9 倍。针对地市综合能源服务分支机构，根据贡献度，按照"虚拟分红"的形式进行增量激励。

　　重庆公司设置专项奖，对超额完成营业收入和利润率指标的属地分支机构，给予目标奖和超额奖。目标奖与计划目标完成情况挂钩，按营业收入的 3% 给予奖励；超额奖与超额营业收入挂钩，挂钩比例原则上不低于 5%，奖励总额原则上不超本单位绩效增资的 30%。

　　江苏镇江公司构建市场拓展全员参与、业务部门分工协作的综合能源业务激励模式，实施项目工资提成制，根据合同金额高低、回款情况、项目利润等，分类、分段累进兑现奖惩。其中，市场拓展根据年度营收目标考核兑现，技术业务根据项目质量、用户满意度等考核兑现，金额 200 万元的综合能源服务合同奖励最高可达 8.1 万元。

5 公司各单位在三项制度改革推进过程中，有哪些促进企业减员增效的做法？

答： 在拓展业务和增加利润的同时，各单位积极推进三项制度改革，开展技术研究和机制创新，促进减员增效，如开发用车管理 App、应用无人机进行山区巡线、优化整合供电所机构、整合专业机构等。

案例 9 | 重庆公司用车小变革，带来企业大实惠

▲ "泛泛出行" App

一是充分开发"点点用车""泛泛出行"App，盘活现有车辆存量，提高驾驶员效率。创建包含驾驶员出车次数、行车时长、行车里程、白班晚班、员工乘车满意度等指标量化绩效考评体系并依托系统自动统计，驾驶员派单变抢单，绩效工资下不保底，考核分配差距达到 3 倍以上，全面提升了驾驶员工作积极性。在合川公司、綦南公司试点后进行推广，不到一年时间，驾驶员因加强管理、收入减少等原因主动离职 53 人，车辆外包成本同比降低 17.28%。**二是**充分利用神州、滴滴等市场化用车平台资源，在公司系统内推广网约车，有效解决管理用车刚性不足，在大幅提升员工乘车满意度的同时，节约直接成本 50%。

案例10 | 加强无人机创新应用，重点在线路巡视、智能化巡检、大数据处理等方面进行积极探索实践，实现用工效率和经济效益的大幅提升

江苏公司自主研发输电线路移动式无人机智能巡检成套装备，成立电网巡检"航母"，每个"航母"配有一辆智能巡检车和4架无人机，对重要输电线路开展无人机一体化智慧巡检，解决以往巡检充电困难、续航不足、时间较长等问题，实现巡检覆盖范围更大、灵活性更高。

▲ 江苏公司对输电线路开展无人机一体化智慧巡检

福建南平公司建立市公司无人机数据处理中心，集中统一处理全区10县的飞巡数据，制订县公司、班组自主飞巡、数据集中处理的作业模式，在充分发挥无人机巡检优势、降低山区作业安全风险的同时，实现对飞巡数据的统一分析和对缺陷、隐患的统一管控，提升输电巡检质效，缓解专业缺员矛盾。

重庆永川公司自主研发无人机紫外成像创新技术，开展输电线路精细化巡视、特殊

巡视、故障巡视等各类巡视，以及红外检测、紫外检测、取异物等带电检测工作。无人机班9人共负责141条、1357千米线路运维，每台无人机每天可完成15~20基杆塔的精细化巡检，实现"销钉级"360度设备缺陷管理和"厘米级"线路通道管控水平。

四川攀枝花公司积极探索无人机、机器人、通道可视化和移动巡检四种方式相互协同的输电线路智能巡检模式。2019年80%的220千伏线路实现移动App自动巡检，无人机清障26次，减少了一半以上的人巡次数，提升了巡检工作效率和质量。

点评：当前，技术进步对组织模式优化、用工效率提升的促进作用意义重大，各单位应加强无人机在AI自动识别、故障精准定位等方面的创新应用，进一步加强跨区域业务协同，提升规模经济效益，避免机构和人员重复配置，最大程度减少用工并提升运行效率。

案例 11 | 江西公司实施外包费用上限管控，鼓励业务自主运维

在规范业务外包实施范围的基础上，江西公司分类下达业务外包费用上限，严控业务外包规模。其中，供电公司以年度可控成本总额的35%为基准，按超限部分的50%扣罚工资总额；对于违规开展负面清单业务整项外包的单位，按其实际发生金额100%扣罚工资总额。直属单位以年度可控成本总额的40%为基准，按节约金额的5%~10%奖励工资总额，按超限金额的25%~50%扣罚工资总额。同时，设置专项奖励措施，按照施工预算费的15%奖励自主实施技改大修项目单位的工资总额。

江西公司所属单位积极主动落实外包管控要求。江西信通公司变革信息运维体系，组建骨干运维队伍，承接原外委厂商负责的全部运维业务，实现人资、营销等重要信息系统100%自主化运维，精简人员26%、节约成本541万元。江西检修公司自2020年5月起实现所辖线路全部自主运维，预计劳务费同比降低51.8%。

结合交通条件改善、智能缴费推广、用工优化调整等因素，按照设备分布、供电半径、抢修时间、客户数量等，加大供电所优化整合，提高用工效率

山东潍坊公司将市县 133 个供电所优化整合为 98 个全能型供电所，全面消除小型供电所（Ⅳ型所），大型供电所（Ⅰ型所）占比达 72%，供电所核心岗位配置率提高 15 个百分点，实现人员一专多能，服务一次到位，供电所"五个一"抢修到达现场及时率 100%。

重庆忠县公司以营配融合、计量技术进步为契机，改变原有一乡（镇）一供电所的模式，重新对供电所进行优化整合，将 11 个供电所整合为 7 个，原有员工 89 人整合保留 62 人，27 人经过培训转岗充实到其他缺员岗位，有效减少市场化用工需求，全年节约人工成本 400 余万元。

甘肃平凉公司因地制宜优化供电所、内设班组、营业厅机构设置，分别精简 33.3%、23.8%、21.5%，有效解决供电所密度大、供电服务交叉、台区经理和综合柜员关键岗位缺员多等问题，推进供电服务实现网格化管理。

强化组织机构高效对用工效率提升的前端引领，加强技能融合和一专多能人才的培养，促进减员增效

重庆江北公司将用电检查、计量、抄收、电费等专业分别按高、低压进行优化整合，成立高、低压客户经理班，精简营销班组 13 个、专业技术及班组长职数 18 个。同时，培养一专多能的复合型人才，在要求每位员工掌握两项专业技能的基础上，每多掌握一项专业技能并开展实际工作，在月度绩效中核增 0.1 的系数，促进员工愿意多学多干多收入。

四川绵阳公司推行末端机构融合及班组整合，将县调业务融合至地调，县公司物资与运检融合，人员重新分流安排，累计撤销县调 6 个，压减管理岗 14 个，补充到其他

缺员专业 54 人。将营销服务与配电抢修等班组合并，组建供电服务大班组 7 个，盘活
17 人，单次服务时长平均缩短 22 分钟。

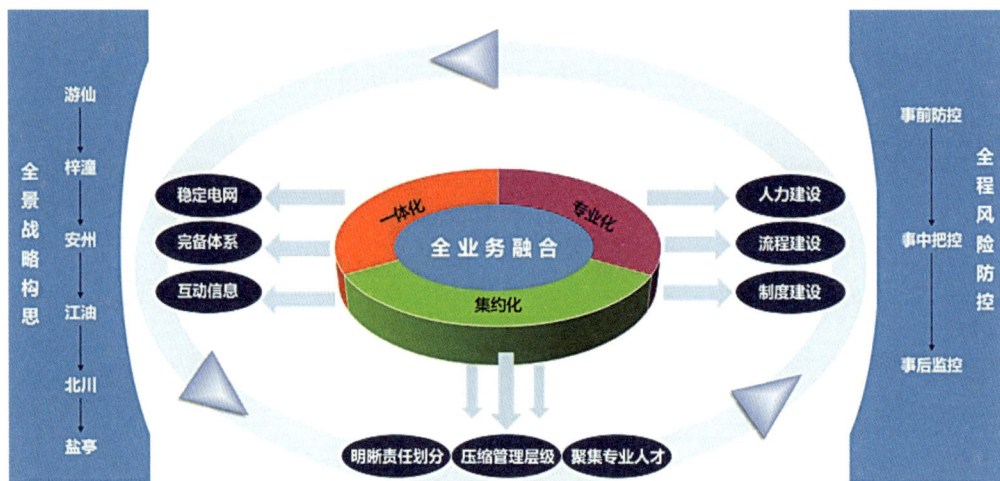

▲ 四川绵阳公司推行全业务融合

江苏淮安公司将需要 24 小时值班的不同专业进行融合，包括信息通信值班、营配
调值班、地区调度与监控班、10 千伏和 400 伏抢修值班等多个班组，统筹配置值班人
员，协同开展 24 小时值班，压缩人力资源需求 15 人。将同一现场不同工种包括生产检
修与试验、营销高压用电检查班与大客户经理班、低压用电检查班与装表接电班、配农
网与计量设备施工及抢修、220 千伏与 110 千伏变电运维与检修班组融合，实现人员一
专多能，同一工作地点不同设备、不同工种一次性解决问题，累计减少各类班组 7 个，
释放人力资源 65 人。

案例 14 | 福建漳州公司推进大区域项目管理协同，提升建设管理水平

按照地域相近、人员专业互补的原则，在本部及下属 10 个县公司组建 4 个柔性班组式片区项目部，统筹分配全地区输变电和小型基建项目，现场前驻管理。片区项目部实行经理负责制，按片区工作负荷和项目数量动态调整成员构成。项目部内实行"项目结算制"绩效管理模式，按工程负荷和管理质量确定团队绩效，片区经理根据成员的岗位角色和目标任务完成情况分配员工绩效，激发团队和员工主动承接业务、超额完成任务的积极性。人力资源利用效率提升 30.3%，9 项工程提前完成，质量巡查频率从每周 2 次提高到 4 次，实现了从"要人"向"提效"的转变。

案例 15 | 江苏南通公司以县公司业务组织模式优化促进企业运营效率提升

按照"投资一体化、营配一体化、检修协同化"的原则，以海安公司为试点，推进县级供电公司专业融合和业务协同，不再设置运检、营销等职能部门，组建"三个中心"，解决业务环节多、协调成本高、协同效率低等问题。**一是**成立发展建设中心，整合分散在各业务部门的基建、配网、农网等工程建设管理职能，将管理链条缩短为需求研判、投资建设两个节点，统筹推进各类项目投资和工程建设。**二是**成立供电服务中心，优化客户服务管理流程，解决部门之间信息壁垒、业务分割问题；推行政企客户网格化服务，政企客户经理分片区对接客户用电需求，推进新业务市场拓展；运维抢修服务延伸至客户侧设备，有效提升服务质量。**三是**成立输变电运检中心，实行 110 千伏及以下输变电设备运检业务属地化管理，形成大网格管理格局；全面开展复合型班组建设，融合变电检修班、高压试验班业务职能，根据工作任务需要灵活调配人员，提高劳动生产效率。试点以来，县公司二级机构由 12 个减少至 9 个，整合压减 9 类 13 个班组，压缩业务流程 33 项，实现了城区低压客户一站式综合服务。

调整前

```
                        县公司
        ┌───────────────┴───────────────┐
    职能部门                         业务机构
    （7个）                          （5个）
```

办公室（党委办公室）	发展建设部	财务资产部	安全监察质量部（保卫部）	人力资源部（党委组织部）	党建工作部（纪委办公室、工会办公室）	电力调度控制分中心

运维检修部（检修工区）	营销部（客户服务中心）	运维站	项目管理分中心	物资供应分中心

调整后

```
                        县公司
        ┌───────────────┴───────────────┐
    职能部门                         业务机构
    （5个）                          （4个）
```

办公室（党委办公室）	财务资产部	安全监察部（保卫部）	人力资源部（党委组织部）	纪委办公室、党委党建部、工会办公室、党委宣传部、团委

发展建设中心	电力调度控制分中心	输变电运捡中心	供电服务中心（营配部）

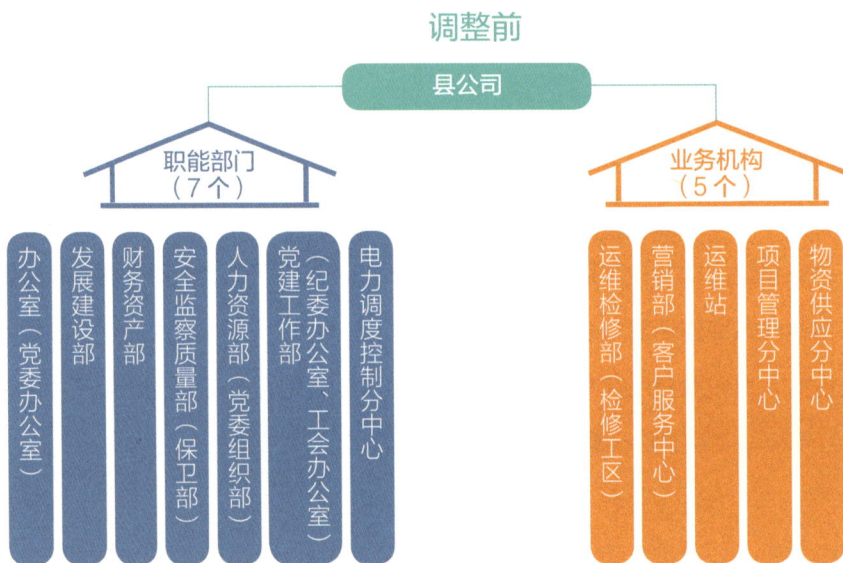

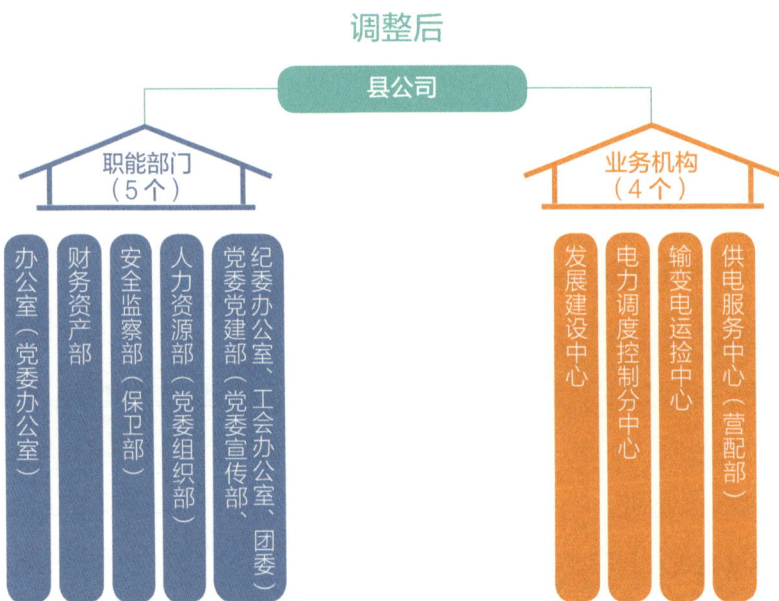

▲ 江苏南通公司县公司业务组织模式优化

案例 16 | 新疆公司大力开展一线技能人员岗位能力
素质测评，不断促进人力资源优化配置

　　根据运维、营销等生产岗位工作实际需要，以一线工作技能知识为基础，开展生产岗位"笔试＋实操"的能力素质测评，重点考核专业应知应会知识及技能操作。对年度测评不合格的，开展能力弱项分析，并纳入在岗培训。同时，将测评结果与员工绩效紧密挂钩，对于连续 6 个月绩效等级为 D，且在岗培训后复测不合格的，纳入待岗管理；待岗培训结束后，再测仍不合格的，按照员工退出管理规定执行。两年来，累计测评运检、营销等专业 16969 名员工，整体及格率 91%，162 人在测评前和测评过程中主动退出现岗位，224 人申请转岗。

案例 17 | 开展跨县域业务与人力资源整合，
实现减员增效

　　山东济宁公司将任城公司调控专业管理和值班业务调整至市公司，任城县调 9 名员工竞聘至市调，剩余 16 名员工调整至任城公司相关职能部门和班组。业务整合后，市公司调控运行班组人均负责变电站数量由 7 个提升到 8.3 个，任城公司补充了一线力量，缓解了一线结构性缺员矛盾。

　　福建漳州公司整合全地区调度和监控业务，推行异地人力资源互备互援，跨县域统筹开展配调业务、日常和灾害检修工作，在人员精简 30.7% 的同时，实现停电时长与客户投诉量同比明显下降。

　　福建南平公司对地理位置近、常态业务量少、人力资源短缺的邵武与光泽、政和与松溪 4 家山区县公司，分 4 步稳妥开展调控业务融合，精简调控人员 24 人，并将优秀的调控人员充实至其他缺员岗位，有效缓解偏远山区一线结构性缺员。

案例 18 | 南瑞集团大力推进瘦身健体，积极
压减冗余机构、岗位和人员

一是通过整合职能部门、压缩管理层次、统一集约服务等方式压减内设机构，集团下属多家企业压减 4 个以上部门，持续提升管理质效。**二是**试点开展生产岗位全员起立、重新竞聘，筛查能力、业绩较差员工，压降岗位 41 个，落聘人员中，协商劝退 35 人、安排转岗学习 6 人。**三是**以合同基本盘（订单量）分析为基础，开展用工需求、人岗匹配测算，在环网柜、断路器等产线间进行人员调配，从超员部门选拔 20 名生产人员充实拓展电建运维等新业务，淘汰机械装配、采购仓储岗位低效员工，进一步盘活人员存量。通过降岗待岗倒逼、主动协商解除、合同到期终止、违规违纪惩处等方式，近两年来累计实现冗员压减 1489 人。

6 **三项制度改革如何让员工享受改革红利？**

答：通过三项制度改革，打造公平正义、崇尚劳动的生态，营造尊重劳动者、回报劳动价值的环境，搭建充分施展才华、自由创新创造的舞台。

员工"上"的通道更宽。建立起职务、职员职级、专家人才并行的员工职业生涯通道，员工可以通过多个途径成长成才，实现个人价值。推进岗位聘任制，竞聘上岗成为常态，打破岗位终身制，破除"论资排辈"等隐形台阶，为优秀员工创造更多的发展机会，"有为有位"成为现实。

员工"进"的渠道更丰富。毕业生招聘更加精准，更贴近企业的用人需求。社会化招聘范围、对象、频次进一步扩大，建立市场化的选人用人机制，淡化身份界限，公司对优秀人才的吸引力大大增强。公司内部人力资源市场机制更加健全，跨单位流动更加畅通。

员工收入"增"的空间更广阔。全面建立差异化、多元化绩效工资分配机制，解决薪酬分配"大锅饭""平均主义"等顽疾，薪酬激励效果更加明显，收入分配实现"多劳多得"，高端人才、生产一线人员、艰苦边远地区人员、克难攻坚者等核心岗位员工薪酬福利待遇更加丰厚。

📋 **案例 19** │ 大力在生产一线选树典型"工匠"，畅通技能人员发展路径，激励技能人员成长成才

天津公司实施技能人才培养工程，面向运检、营销等 6 大核心专业、34 个工种，发挥专业部室主导作用，逐级选拔业务能力优秀、工作业绩突出的"技能骨干、技能标兵、技能工匠"，聘期 2 年，根据考核结果按月发放薪酬奖励。2019 年，共选拔技能骨干 960 人、技能标兵 186 人（后续将从技能标兵中择优选拔技能工匠）。

陕西公司创新实施青年技能人员"工匠之路"职业培养计划，为新入职员工配置"双师"（职业导师和技能师傅），建立"双档案"（职业发展档案和职业积分档案），实施技能达标、技能提升、创新培养、多岗锻炼等阶梯式培养措施，入职满 5 年后选拔为"工匠种子"的，持续跟踪培养 5~10 年。2019 年以来，职业导师队伍达到 828 人，评选地市级"工匠种子"324 人、省公司级"工匠种子"66 人，有效拓展青年技能人员职业发展路径。

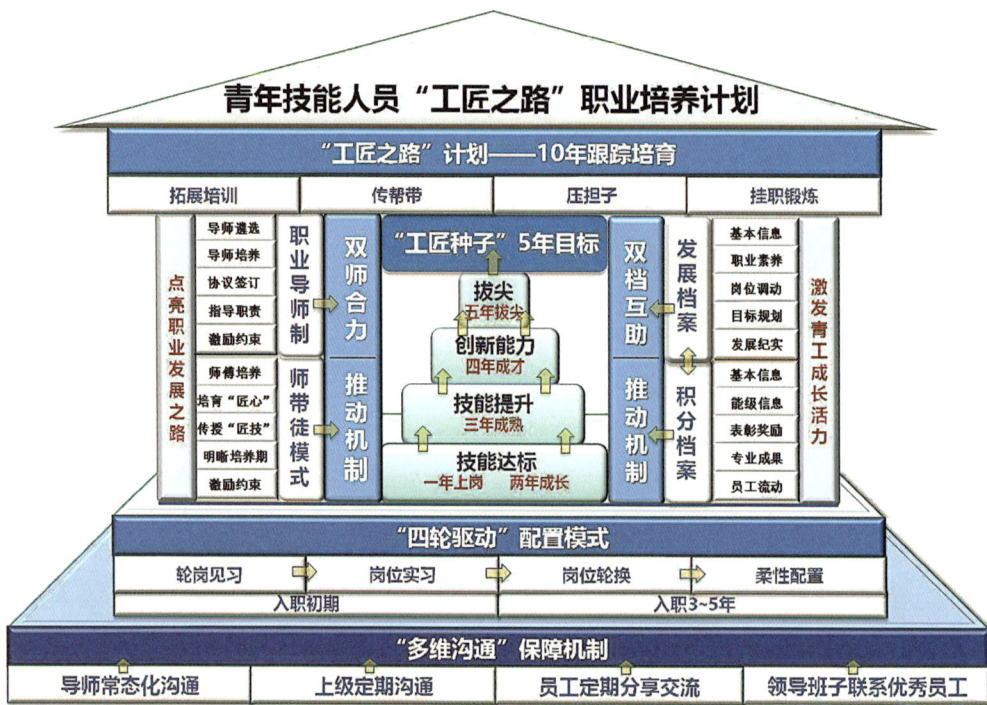

▲ 陕西公司青年技能人员"工匠之路"职业培养计划

案例 20 湖北公司推行技能人员职员职级聘任制，打通一线技能人员发展通道

　　技能职员聘用采用"责、绩、能、经历"四维积分制，向安全生产责任重、现场实操工作量大、技术技能含量高的关键岗位倾斜，艰苦地区经历、克难攻坚事迹突出者优先。已聘用五级职员 49 人，均为生产一线班组长等核心骨干，平均年龄 45 岁，最大年龄 56 岁，平均生产一线岗位工作年限 24 年，聘期内享受副科级薪酬待遇。

7 三项制度改革如何让企业焕发生机活力？

答： 通过三项制度改革建立市场化的选人用人机制和薪酬分配激励机制，人尽其才、才尽其用，员工队伍活力有效增强，企业经营效率效益和核心竞争能力有效提升。

企业市场化程度更高。 三项制度改革的目标之一就是市场化。通过建立健全效益导向的人力资源配置机制、公平择优的选人用人机制、多劳多得的收入分配制度，促进企业用工结构更加优化，人员配置更加高效，激励约束机制更加健全，收入分配秩序更加规范，加速企业市场化改革进程。

企业员工队伍更有活力。 三项制度改革还原的是公平正义和价值分配，通过改革宣传发动，引导广大干部员工对美好生活的向往和追求，消除影响公平正义和企业发展的顽症旧疾，进一步凝心聚力，让干得好的上升快，干得多的拿得多，全面激发员工干事创业的热情。

企业核心竞争力更强。 三项制度改革是企业的内功和基本功。通过改革破除束缚生产力发展的管理机制，推动人力资源管理模式的创新，形成有利于竞争的内在机制，有效调动各类人才的积极性、主动性、创造性，进一步提高劳动生产率和成本投入产出效率，支撑企业效率效益有效提升。

📋 **案例 21** | 全体周期"起立"和竞争上岗，周期聘任固化
成为管理文化，队伍活力显著增强

　　重庆合川公司从 2004 年开始实施班组长、专责及中层干部岗位竞聘上岗，建立
2~3 年为一个周期，全部"起立"重新竞聘上岗的动态机制。通过 6 届竞聘上岗，新提
拔中层干部、专责及班组长 146 人，退出岗位中层干部、专责及班组长 107 人，岗位
周期聘任氛围已扎根企业文化。

　　河南郑州电力高等专科学校从 2004 年起加强岗位岗级管理，每两年开展一次全员
岗位竞聘，根据重新聘任的岗位，动态调整岗级及薪酬待遇。通过 7 届全员竞聘上岗，
共完成 2081 人次岗位竞聘。2019 年，从低岗竞聘至高岗 57 人，从高岗调整至低岗
10 人，真正实现了员工"能上能下"，充分激发员工队伍活力。

📋 **案例 22** | 制定出台相关措施，有效缓解
资质紧缺问题

　　陕西、甘肃电科院整合环评资质人员，实现资源共享，甘肃电科院 5 名注册环
评工程师调入陕西电科院，陕西电科院成立环保技术中心，甘肃成立分中心。资源整
合后，陕西电科院实现资质升甲，甘肃电科院利用资质开展业务，实现双方的合作
共赢。

　　新疆公司对员工考取各类资格证书给予 3000~7000 元一次性津贴，对于紧缺类注
册执业资格给予 20000~50000 元津贴，通过津贴激发员工自我提升学习的内生动力，
满足企业资质的维护需要。

点评：针对部分单位在升资质、保资质过程中提出的特殊资质人才要求，应加强相关人才要求计划管理，整合内部资源，加强紧缺资质人才激励，做好相关人才的储备和培养，不能主要靠社会招聘补充特殊资质人才。

案例 23 ｜ 山东德州公司构建管理人员动态优化机制

一是开展全员评测。综合管理人员互评、部门负责人评价和部门内部述职三方面内容建立年度业绩评价体系，每年年底组织管理人员全员测评，量化协调配合能力、业务水平和重点工作完成情况。**二是**建立刚性退出机制。针对各部门年度业绩后 10% 的管理人员，从年龄、学历、知识结构、工作经历等多维度开展任职资格分析，将不胜任人员退出现岗位。**三是**开展全员竞聘。每年一季度面向本单位全体员工开展公开竞聘，选拔人员补充到空缺管理岗位。实施以来，累计退出 8 名综合成绩较差的管理人员，通过竞聘补员 5 人。

案例 24　江苏淮安公司建立全员职业发展等级体系，激发全员动力活力

职业发展等级（职级）	正处	副处	正科	副科	职段	一级职员	二级职员	三级职员	四级职员	五级职员	六级职员	专职班长	副班长专业工程师	班员	专家	高级专家	资深专家
35	1档				资深级	1档											
34	2档				资深级	2档											
33	3档	1档			资深级	3档	1档										1档
32	4档	2档			资深级	4档	2档										2档
31	5档	3档			资深级	5档	3档										3档
30		4档	1档		资深级			4档	1档							1档	4档
29		5档	2档		资深级			5档	2档							2档	5档
28			3档		高级				3档							3档	
27			4档	1档	高级				4档	1档					1档	4档	
26			5档	2档	高级				5档	2档					2档	5档	
25			6档	3档	高级				6档	3档					3档	6档	
24			7档	4档	高级				7档	4档	1档	1档			4档	7档	
23				5档	高级					5档	2档	2档	1档		5档		
22				6档	高级					6档	3档	3档	2档		6档		
21				7档	中级					7档	4档	4档	3档	1档	7档		
20					中级						5档	5档	4档	2档	8档		
19					中级						6档	6档	5档	3档	9档		
18					中级						7档	7档	6档	4档			
17					中级							8档	7档	5档			
16					中级							9档	8档	6档			
15					中级							10档	9档	7档			
14					初级							11档	10档	8档			
13					初级								11档	9档			
12					初级									10档			
11					初级									11档			
10					初级									12档			
9					初级									13档			
8					初级									14档			
7					助理级												
6					助理级												
5					助理级												
4					助理级												
3					助理级												
2					助理级												
1					助理级												

职务序列｜通道间互联互通｜职员序列｜通道间互联互通｜专家序列

说明：
- 红色为卓越区
- 黄色为成熟区
- 蓝色为成长区

通道间互联互通

▲　江苏淮安公司全员职业发展体系示意图

一是优化职务、专家、职员发展序列，将专家序列与职务序列并列为"关键少数"，为创新型人才提供干事平台，拓展员工职业成长空间。**二是**统一设立职级标准，并作为衡量各序列员工能力贡献标尺，综合员工晋升频率、职业生涯时限，将职级划分为 5 个职段 35 个等级，变少数人"大步慢走"为多数人"小步快走"，实现持续激励。**三是**分序列设定职级升降条件，建立按职级付薪机制，明确各序列聘任、退出等条件，实现各通道互联互通、人事相宜，促进"六能"落地落实。2019 年，1 名干部、9 名员工晋升转入专家序列，晋升比例扩大 2.5 倍；1 名优秀的带电作业一线员工，凭借突出的工作业绩和创新成果成功选聘为专家，职级晋升 6 级，年收入增加 4.3 万元。

📋 **案例 25** | 甘肃科源集团通过岗位管理去行政化、加大薪酬激励，提升企业市场竞争力

实施去行政化聘任制改革，打破员工身份界限，中层管理人员中直签员工占比达26.21%；按照"去低端、控中端、创高端"原则，压减业绩较低、能力较差用工279人，引入紧缺高精尖人才30余人；加大薪酬激励力度，打破原有"以岗定薪"分配模式，同层级员工月度绩效奖差距扩大至1.48倍。2019年，该公司负债较上年同期下降23.54%，所有者权益总额较上年同期增长31.86%，市场竞争力和影响力大幅提升。

❽ 下阶段三项制度改革总体要求及目标是什么？

答：总体要求：适应国资国企改革和电力体制改革工作要求，围绕新时代公司发展战略，以增强企业活力、激发员工动力、促进企业与员工共同发展为宗旨，以提高人力资本效率效益为目标，以统筹推进、因地制宜、积极稳妥为原则，全面深入持续推进三项制度改革，建立改革长效机制，以改革的实效助推公司高质量发展。

工作目标：持续开展三项制度改革，落实主体责任，抓住改革重点，形成"六能"常态运行机制。进一步拓宽干部员工发展通道，盘活内部人力资源存量，合理拉开收入差距，不断提升组织运行效率和员工发展活力，为建设具有中国特色国际领先的能源互联网企业提供坚强保障。

❾ 下阶段三项制度改革的工作重点是什么？

答：一是营造氛围，凝聚改革共识。形成深植于干部员工内心深处，广受员工拥护的"三改"文化，实现改革从层层下任务的"要我改"，向早改革

早受益的"我要改"转变。

二是明晰改革职责，层层落实责任。公司各级单位要主动作为，结合实际，找准方向，持续、动态、创新性开展改革工作，坚持分级负责，层层传递改革压力、落实改革责任、强化监督考核，确保改革措施落地见效。

三是建立常态化"六能"机制。强化市场竞争思维，坚持市场化选人导向，实施岗位管理去行政化、聘任管理契约化；大力推行公开竞聘上岗，拓宽人才职业发展通道，构建公平、择优的用人环境；将员工考核结果与岗位晋升紧密挂钩，真正实现"能上能下"。以劳动合同和岗位管理为重点，打破身份界限，建立市场化用工制度，畅通员工流动通道，促进员工"能进能出"。要强化薪酬激励，丰富激励手段，健全完善绩效管理机制，强化考核分配激励约束，激发组织员工活力，推动收入"能增能减"。

⑩ 员工在三项制度改革中能做什么？

答：一是转变思想，适应改革。充分认识三项制度改革的重要意义，认真学习领会三项制度改革的精神实质，转变思维模式，提高对三项制度改革的认同感，思想和行动上与公司改革发展保持高度一致，坚定不移地跟随公司改革步伐。

二是提升技能，完善自我。转变自身观念，牢固树立"有为才有位"的思想，强化工作责任担当，不断提高工作业绩，适应企业的发展。接受新观念、吸收新知识、学习新技能，提高自身专业技术水平，适应三项制度改革后企业转型发展的需要。

三是勇立潮头，投身改革。准确把握时代脉搏，深刻认识形势任务，克服求稳怕乱的守成心理、亦步亦趋的尾随依赖，有方向、有立场、有原则地主动推进改革，积极探索改革，迈开步子，真刀真枪解决企业存在的问题。三项制度改革提供了干事创业平台，员工要积极参与改革，利用这个平台更好地发挥个人作用，实现自我价值，促进企业和个人共同发展。

实践篇

（一）"能上能下"

⑪ 什么是"能上能下"？

答： "能上能下"是指健全市场化选人用人机制、淘汰机制和契约化考评体系，畅通岗位（职务）、职员职级、专家人才三个发展通道，通过组织选拔、竞聘上岗等方式，公平、公正地选拔人才，能者上、庸者下，变身份管理为岗位管理，实现员工在岗位层级、职员层级、专家层级的上下流动，提升用工活力。

案例 26 甘肃公司做实本部三项制度改革

一是开展本部所有科级及以下岗位公开竞聘，公司本部所有科级及以下管理岗位（236 个），面向本部及二级单位全体职工公开竞聘，共 483 人次报名参加竞聘，最多

10 人报名竞聘同一岗位。竞聘前，有 7 名科级干部自愿退出现岗位转任本部门职员，15 人自愿调离本部。竞聘后，1 名科级干部落岗转任本部门专责，2 名科级干部、7 名专责落岗调配至二级单位专责，二级单位 5 人竞聘至本部科级岗位、27 人竞聘至本部专责岗位。**二是**完成综合服务中心去本部化管理，明确定位为公司二级单位，接受公司本部相关职能部门的专业管理、监督及考核。新调入人员，执行二级单位薪酬标准；原有人员两年过渡期满后，执行二级单位薪酬标准。通过这一举措，实际减少公司本部化用工 69 人。

▲ 甘肃公司本部岗位竞聘启动会

案例 27 | 四川南充公司建立常规岗位动态调整机制

对于绩效等级连续两年为 C 的，强制交流至低层级岗位，空缺岗位统一纳入公开竞聘岗位范围。原则上，每个调整期（2 年），各单位应提供一定数量的岗位开展公开竞聘。此项工作实施以来，已对 102 名员工实施岗位下调，154 名员工实现岗位晋升，进一步激发了员工活力和工作动力。

案例 28 | 福建莆田公司创新实践岗位动态式、问责式管理

严格管理人员绩效考核结果和技能人员进阶式岗位能力认证考试结果应用，及时调整不胜任岗位人员，并对调整出的空缺岗位开展公开竞聘，打破岗位固化，实现"能者上，庸者下"。结合安全生产、供电服务、劳动纪律、文明督查等纪律要求，建立履职行为通用库和专业库，设置员工行为正面清单（"绿线""高线"）和负面清单（"红线""底线"），对员工行为进行引导激励和约束管控，其中负面清单涵盖 11 个大类、99 个小类、584 条员工违规行为条款，让员工更加清晰地知晓各类禁止性管理行为，增强履职尽责的规则意识，杜绝"不作为、慢作为、乱作为"。2019 年，3 人因未达到技能岗位上岗要求被降岗，3 人因触碰"红线"条款被降岗。

案例 29 | 湖南怀化公司"全体起立"，大胆试点县公司部门、供电所长公开竞聘和"点将组阁"制

在芷江公司试点中层管理人员聘任制，采取对现有中层管理人员及班组长"全体起立"重新聘任的方式，分步实施部门、供电所正职公开聘任和其他中层管理人员推荐聘任。**一是**对部门主任、供电所所长共计 15 个岗位开展公开聘任，按应聘人员综合考评成绩分别确定主任、所长的入选名单并进行公布，最后党委会通过入选人员的具体职务。**二是**对部门副主任、供电所副所长、班组长采取"组阁制"，由新聘部门主任、供电所所长结合人员业绩及能力提名副职及班组长建议人选，提交党委会研究决定聘任人选，未获提名人员自动在下一层级岗位开展人岗双选。2018 年以来，聘任涉及调整人员 83 人次，其中，4 名部门负责人、2 名供电所负责人、14 名班组长落聘，开创了选人用人新模式。

⓬ "能上能下"的关键是什么？

答："能上能下"的关键在于"上要公平，下要有力度"。"上要公平"就是建立健全人才选拔机制，畅通上升通道，量化任职要求，机会面前人人平等。对于近三年年度绩效积分在 5.5 及以上的，或有 2 年以上班组长、供电所核心岗位工作经历的，或参加挂职（岗）锻炼、人才帮扶、劳务协作期间工作表现优秀的员工，在岗位竞聘时同等情况下优先聘用。"下要有力度"就是建立竞争上岗、周期聘任、考核退出的用工新机制，从严维护制度的刚性执行，敢于动真碰硬，依法合规将不称职不履职的员工转入低层级岗位及待岗等。

📄🔍 **案例 30** | **河北邯郸公司健全岗位管理机制，实现员工"能上能下"**

一是面向中层干部与管理技术人员，构建岗位约束机制。制定《"底线""红线"管理实施细则》与《管理及技术岗位退出管理实施细则》，符合惩戒条件的，进行通报问责、降岗、退出岗位等处理，对充分调动广大干部员工的工作积极性、实施精细化管理起到了积极的促进作用。**二是**建立岗位胜任能力鉴定制度。员工岗位和岗级调整，均需进行专业能力测试、360 度测评、个人自我评价等能力鉴定，合格后方可调整。目前已对 140 余人进行岗位胜任能力鉴定，有 120 人通过鉴定后岗级上调或走向高层级岗位，极大地调动了员工学习的主动性与积极性。

13 **"能上能下"的主要机制有哪些?**

答：一是完善干部任期制，制定明确具体的任期目标和退岗条件，强化干部任期考核评价体系与监督管理，提拔优秀者，淘汰平庸者。**二是**做实岗位聘任制，签订聘任协议，明确聘任期限和业绩目标，强化聘期考核，建立与业绩考核密切挂钩的激励和退出机制，打破岗位"终身制"。**三是**健全职员选聘机制，按照择优选聘的原则，将绩效表现好、能力素质强的优秀员工聘任到相应的职级，建立科学严谨的职员职级考评制度和降级解聘制度，形成待遇能高能低、职级能上能下的动态管理机制。**四是**优化专家人才选聘机制，以业绩和能力为导向，合理制定人才选拔标准与考核积分评价标准，建立专家人才淘汰机制，畅通专家人才上下渠道。**五是**推行市场化单位职业经理人制度，扩大选人用人视野，促进市场化单位管理水平的不断提高。

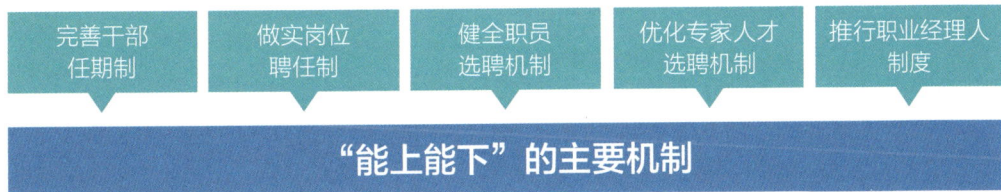

完善干部任期制	做实岗位聘任制	健全职员选聘机制	优化专家人才选聘机制	推行职业经理人制度

"能上能下"的主要机制

14 **如何公平、公正推动"能上能下"工作?**

答："能上能下"的核心是竞争择优，而竞争的基础和前提就是公平、公正，关键是建立以岗位竞聘为主的人才选拔机制。制定科学合理的竞聘实施方案并公示，确保信息公开透明；对所有符合竞聘条件的员工均打开大门，一视同仁，充分给予广大员工竞聘机会；精准衡量员工业绩及能力，实现考准考实，确保上有规则、下有依据；纪检、人资部门应强化监察监督力度，参与竞聘整个过程，确保实施流程的合法合规。

📋 **案例 31** | **江西公司创新实施全员随机抽考机制**

为促进员工在岗自主学习，提升履行"安全责任、社会责任、经营责任"的能力，江西公司改进以往竞赛调考的"精英式"培训，出台《员工岗位能力培训考核管理办法》，创新实施全员随机抽考。**一是**突出随机抽考，以 ERP 系统岗位分类为基础，组建不分年龄、覆盖全员的抽考人员库，通过计算机实现抽考"专业、人员、时间"随机，达到促进员工"在岗一天、学习一天"的管理目标。**二是**着力题库建设，省公司主要负责人亲自主持题库编制与审核工作，精选一线技能专家，立足生产技能专业最本质、最核心内容，以及岗位应知应会的安全知识和必备知识，形成了涵盖调度、输电、配电、营销等 8 大专业 24 个小专业的技能类题库。**三是**紧扣结果运用，将抽考结果与员工绩效等级评定、薪酬待遇、个人荣誉等挂钩，对考试成绩排名前 10% 的员工予以奖励；对考试成绩低于 80 分者在公司门户网站上通报，下调一岗岗级，且规定年度绩效不得高于 C 档；补考不合格者还需实施 6 个月待岗。

2019 年江西公司共完成生产技能岗位 7 个批次 9665 人次参加随机抽考，奖励优秀人员 1092 人，通报并下调不合格人员岗级 990 人，待岗培训 86 人。2020 年江西公司全面开展管理技术人员抽考和生产技能人员实操抽考，抽考人数预计达 2 万人次。

▲ 江西公司实施全员随机抽考

案例 32 │ 天津城南公司以人才九宫格助推管理人员"能上能下"

搭建"业绩—能力"人才九宫格，分别以业绩、能力为横、纵坐标，每个坐标分高、中、低三档，将人才划分为九类。将业绩部分的考核评价授权至专业部门，按绩效考核标准打分；公司组织人才盘点会，根据工作业绩、技能提升、岗位变动等信息，判定人员能力，并做好现场反馈和误差纠偏，确保人才评价标准统一、客观公正。通过人才九宫格，识别业绩、能力不匹配及双低人员 44 人，组织面谈辅导或退出现岗位，累计 27 人退出班长岗位；甄别关键人才 40 人，纳入人才储备库，通过公开竞聘，新聘上岗 35 人，有效推动公平、公正。

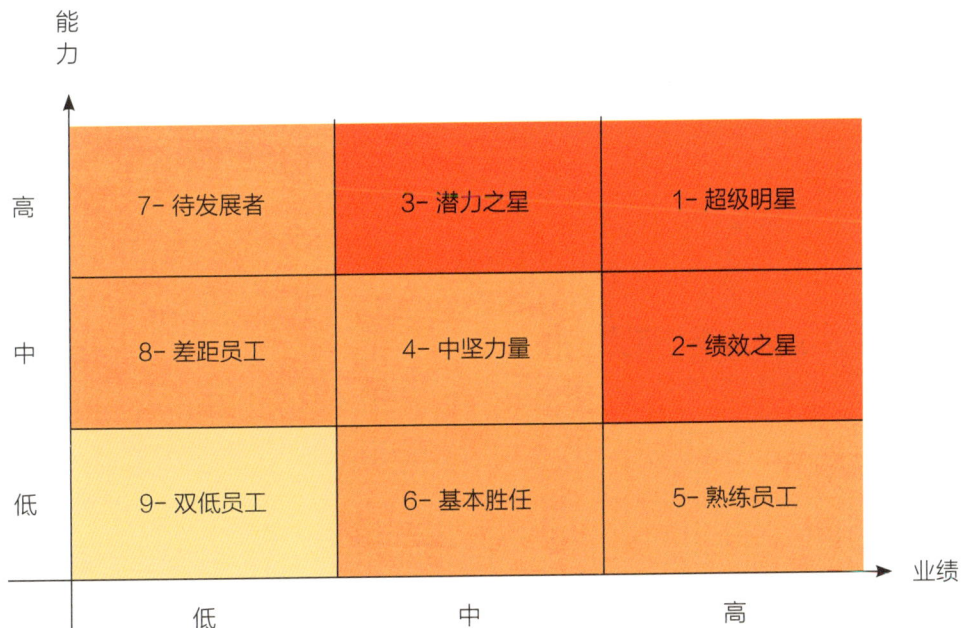

▲ 天津公司"业绩—能力"人才九宫格

⑮ 什么是职员职级序列?

答:为进一步拓展各岗位类别优秀员工的职业成长空间,公司以岗位和职务等级为基础,统筹四级四类人才,依据岗位类别和岗位(职务)等级,由高到低依次设置相应等级,形成"层次划分清晰、职数设置合理、任职资格明确、发展路径通畅"的职员职级序列。职员职级序列与职务序列同为干部员工职业发展通道,二者互联互通,干部员工可以在职员或职务序列内纵向发展,也可以横向流动。聘任后,职员薪酬待遇水平与其职级挂钩。

⑯ 什么是专家人才序列?

答:专家人才是指具有深厚理论知识、丰富实践经验,在专业领域有较高专业水平和知名度的专家。专家人才分为四级四类,按层级划分为公司级、省公司级、地市公司级和县公司级,按类别划分为经营类、管理类、技术类和技能类。聘任后,专家人才享受相应层级的人才津贴。

⑰ 什么是岗位聘任制?

答:岗位聘任制管理包括"聘"与"任"两方面内容。其中,"聘"是指通过组织选拔、岗位竞聘、市场化选聘等方式,选拔优秀人才到合适岗位;"任"是指明确聘任期限,约定考核目标、权利义务等,实现岗位契约化管理,打破岗位"终身制"。干部任期制是岗位聘任制的一种表现形式。

18 **为什么岗位聘任制是推进管理人员"能上能下"的一剂良方？**

答：传统的岗位聘用一般不明确聘期，不明确聘期目标和考核要求，久而久之，容易产生终身制思想。对聘任制岗位，鼓励公开选拔方式，同时在上岗之日即订立岗位聘任协议，明确任中不合格可免职，届满考核合格方可续聘，考核不合格可免职、降岗、待岗等，从而强化契约意识、竞争意识、危机意识，逐步打破岗位终身制思想，实现岗位"能上能下"，有效激发管理人员活力。

案例 33 | 深入探索岗位聘任管理机制，深化岗位契约管理

湖北公司针对员工基本功薄弱、员工活力不足等问题，重点推进班组长、供电所所长聘任制，共有 3317 名班组长、供电所所长实行了聘任制管理，157 名班组长、供电所所长落聘；针对市场化单位、省管产业单位适应市场竞争能力不足问题，统筹实施市场化单位和省管产业单位经理层聘任制，639 名内设机构负责人实行聘任制管理。此外，151 家单位、1766 个岗位（其中副处级岗位 1 个，科级岗位 51 个）通过竞聘进行岗位聘任，退出管理机关 141 人。

四川公司出台实施管理、技术和重要技能岗位聘期制管理意见，全力推进实施岗位聘任，聘期 3 年，强化岗位聘期协议签订及聘期目标考核，全面完成 2.3 万人岗位聘任签约。

重庆公司通过评价机制和信息管控系统固化聘任制管理。建立"1+3"聘期期满考核和聘期内年度动态考评机制，从竞聘覆盖率、流动率、降职降级情况、聘任制协议实效性、签订覆盖率等维度建立评价机制。开发岗位聘任制管理信息系统，通过系统固化和规范契约签订、契约考评、申诉管理、成效评价等工作流程。

　　甘肃公司针对所有科级干部、管理技术人员、班组长、供电所所长实施岗位聘任制，"全体起立"并通过"考核＋竞聘"方式重新竞争上岗（竞聘率 92.92%），新上岗人员签订聘任协议书 1.2 万余份。

　　陕西公司纵横双维推动岗位聘任制。纵向建立制度体系、开展需求分析、制定实施计划、规定任期制实施岗位范围，横向实行"抢单制"，在各级领导班子成员和新聘管理、技术和重要技能岗位人员 100% 实行聘任制的基础上，各单位通过"全体起立"、岗位竞聘、360 度评价等方式，存量岗位实行聘任制单位占比达到 77.3%，聘任制管理实现制度化和常态化。

　　福建福州公司严格细化中层干部聘期目标，由通用目标和专业目标两部分量化指标构成，涵盖基础管理、效率效益指标、重点工作、队伍建设、党建工作等多个维度，由相关职能部门、专业管理部门和公司分管领导根据干部岗位职责和公司中长期发展战略提出，经聘期目标专业评审小组审核后，提交公司党委研究决策，以严谨的聘期目标夯实岗位聘任制管理基础。

⓭ 什么是职业经理人？

　　答：职业经理人是指在市场化单位中，通过市场化机制选聘和管理的企业高级管理人员，包括但不限于总经理、副总经理、总会计师等企业经营班子成员。

⓴ 员工如何通过岗位（职务）通道成长成才？

　　答：员工岗位（职务）主要有重要技能岗位（班组长）、专业管理（技术）岗位、领导岗位等，均设有任职资格条件和岗位（职务）晋升要求。各级管理岗位除应具备思想政治素质、个人业务能力、综合管理水平等任职基本条件外，还应满足学历、职称（或专业技术资格）、个人经历履历、绩效、岗位（职务）工作年限等任职资格要求。对于德才素质突出、群众公认度高的特别优秀人员，满足破格条件可履行相关程序后破格提拔。

员工可对照岗位（职务）任职要求，不断提高个人业务水平、管理能力以及思想政治综合素质，积累工作经验，丰富个人成长履历，积极参与公司各级组织的岗位（职务）竞聘，通过岗位（职务）的逐步拓展，实现员工个人成长成才。

㉑ 员工如何通过职员职级通道成长成才？

答： 为拓宽员工职业发展空间，引导广大员工爱岗敬业、钻研业务，公司建立与职务序列并行的职员职级序列，为绩效优、贡献大的员工量身打造的"绿色晋升通道"，增强人才职业发展动力。职员职数由高到低设置一至八级，员工可对照各级职员聘任条件，提升绩效等级结果、学历、专业技术资格或技能等级，积极参加职员职级选聘，并在选聘后继续提升自身业务水平，晋升更高层级职员。

职员职级实施动态管理，主要与年度绩效、员工奖惩情况挂钩，各职级职员出现下列情况之一的，应降低职级：年度绩效考核评级为 D 级；受到行政记过、记大过、降级处分或者党内严重警告处分。各职级职员出现下列情况之一的，应解聘职级：连续两个年度绩效考核评级为 D 级；受到行政撤职、撤销党内职务、留党察看、开除党籍处分、因工作失误失职给单位造成重大损失或恶劣影响的。解聘职级后，不能重新上岗或不具备上岗条件的，按待岗处理。

案例 34 ｜ 湖北公司充分发挥技能类职员
示范引领作用

　　湖北黄石公司 2019 年聘用的五级职员全部为一线班组长，3 年绩效平均积分 5.15 分，一线工作平均年限 25 年，40% 为高级技师、60% 为技师，90% 担任工作负责人（工作许可人、工作票签发人）10 年以上，上年度工作量全部高于班组平均工作量的 1.5 倍，50% 人员获得上年度各级各类表彰奖励和专业奖项，在该公司树立了鲜明的导向。职员职级评聘完成后，该公司有 23 名管理机关员工主动申请到基层生产班组工作，报名参加高级技师评审人数达到 113 人，较上年增长 538%。湖北检修公司对择优评选出的 15 名技能类五级职员进行公开聘任，制作职员风采录、先进事迹宣传片，给予职员荣誉感，发挥职员感召力，营造识才、爱才、敬才、用才的良好氛围，树立"技能水平宝贵、扎根一线光荣"的职员聘用导向。

㉒ 员工如何通过专家人才通道成长成才？

　　答：为全面推进具有中国特色国际领先的能源互联网企业建设，培养和造就一批政治坚定、素质优良、理论扎实、技艺精湛的优秀人才队伍，公司设立专家人才序列，定期选拔各级各类专家人才，设置聘期。专家人才应满足相应层级的业绩条件，同时还应满足绩效等级积分、本专业工作年限、岗位工作经历、学历和专业技术资格（技能等级）等。

　　员工可对照专家人才评选条件，积极参与科技攻关、管理创新、课题研究、标准修订、技艺革新、工程建设等工作，提升个人素质和业绩，参与选拔。

　　专家人才实行动态管理，出现下列情况之一的，取消称号，停发津贴：违反公司员工奖惩规定、供电服务奖惩规定、安全工作奖惩规定等，受到记过及以上纪律处分或组织处理；年度绩效考核评级为 D 级；两次年度考核不合格；退休、辞职、解除劳动合同。

案例 35 | 安徽送变电公司吴维国从技校生到全球带电作业领跑者

吴维国自技校毕业进入送变电公司，20 年如一日扎根生产一线，立足岗位，不断创新探索实践，从一名普通线路运维工人到带电作业班班长，打造出国内领先的带电作业团队。顺利完成世界首次 ±1100 千伏带电作业，成为世界上首个进入 ±1100 千伏电场的人。2017 年，吴维国所在的带电作业班荣获中华全国总工会"全国工人先锋号"称号，班长吴维国作为"全国工人先锋号"的唯一代表，在人民大会堂上台发言。

案例 36 | 上海浦东公司"三清博士"扎根一线 8 年成才成长

谢邦鹏，本科、硕士、博士均就读于清华大学，2008 年从清华大学博士毕业后放弃诸多高薪工作进入上海浦东公司，成为一名继保工人。经过基层三年的努力学习实践，

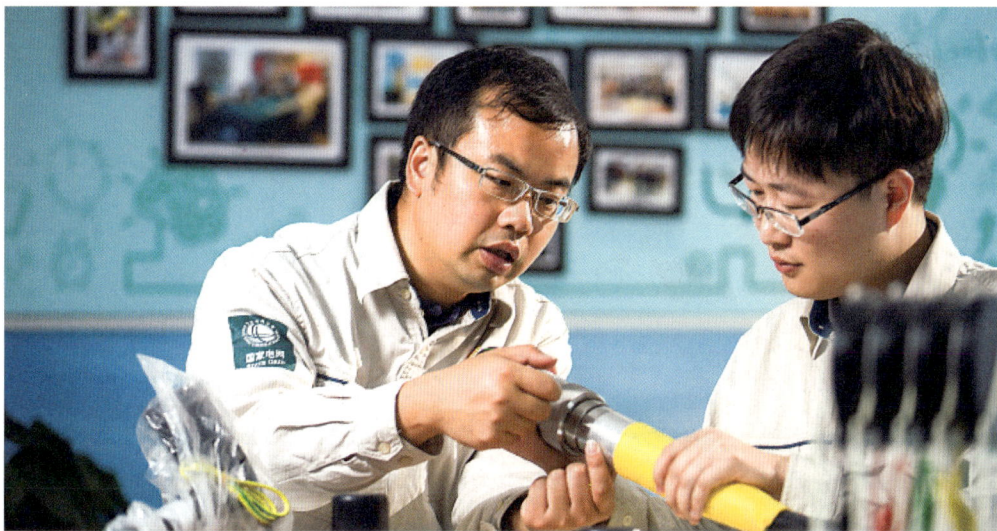

▲ "三清博士"谢邦鹏进行技术创新

他由"青涩小生"成长为继电保护专业的"行家里手",被聘为技术含量高的继电保护班班长,期间负责上海世博会、迪士尼、陆家嘴"世界一流"配电网示范项目等重点工程。扎根一线八年的谢邦鹏,于 2017 年担任运维检修部副主任,仍直接负责一线管理工作,承担了两届中国国际进口博览会等重要保电任务。2018 年,谢邦鹏任张江科学城能源服务中心主任,成为崭新团队的"领头羊"。工作十多年来,谢邦鹏共开展创新课题 40余项,拥有专利 46 项,发表科技论文 20 余篇,荣获国家电网公司生产技能专家、劳动模范及上海市劳动模范、国网工匠、国网楷模等称号,并被授予上海市青年五四奖章、全国五一劳动奖章。

> **案例 37** | 山西公司技培中心杨建东主动转型
> 走专家发展道路

▲ 专家讲师杨建东正在授课

杨建东原是国网山西电力技培中心人资部主任，2017 年起开始进行人资政策宣讲。作为山西公司三项制度改革宣讲团的主讲人，他的授课效果得到了省公司、国家电网公司的高度肯定，三年来，开展讲座 150 余场，培训学员 10000 余人次。在政策宣讲过程中，杨建东逐渐找到了自己新的职业路径，经过与单位领导、家人的多次深入沟通，决定辞去行政职务，走专家讲师道路。目前山西公司已组建"杨建东名师工作室"，以选树典型，引导更多的人往专家通道发展。

📄 案例 38	重庆电科院韩世海十年磨砺， 从中专生到央企网络专家

▲ 重庆电科院网络安全首席督查师韩世海成为央企网络专家

韩世海 2000 年毕业于重庆电力学校热能动力专业，毕业后分配至供电公司工作，通过不断的努力学习，从一名中专生到计算机领域工程硕士，从一名普通调度值班员到首席专家。2014 年，他代表重庆公司参加中央企业职工技能大赛，在央企众多高手中脱颖而出，最终获得银奖并荣获"中央企业技术能手"称号。2017～2018 年，作为重庆电科院网络安全首席督查师，他连续两年代表重庆公司参加中央企业网络安全技术大赛并获得第一名，2019 年获得"中央企业劳动模范"称号。

㉓ 员工是否可以在各通道间交叉发展？

答： 公司建立了岗位（职务）、职员职级、专家人才序列三个职业发展通道，都设置相应的任职条件和任职资格，并有明确的工作职责。员工可结合自身情况，选择适合自己的职业通道发展。各单位应将职员职级向扎根岗位、爱岗敬业、业绩优秀的员工倾斜，创造条件实现各职业发展通道交叉发展。职员职级和领导职务可双向流动，原则上不互相兼任，不得将职员职级作为变相安置干部、解决待遇的渠道。

㉔ 为何新入职高校毕业生成长要满足"3、5、8"的要求？

答： 电力是关系国计民生的基础、重要行业，一线岗位又是其最基础、核心的组成部分，是企业内专业知识、技能水平最密集的地方。从公司发展看，主营业务为电网及设备的运行、维护和检修等工作，明确新入职大学生的一线岗位工作年限，有利于保障公司一线队伍稳定，确保公司主营核心业务发展。从员工发展看，新入职大学生虽有较强的理论基础，却还没有与实际紧密联系。鼓励新入职大学生扎根一线，有利于其全面了解和掌握公司运行、检修、营销等核心业务，培养实用的专业技术和实际的操作技能。明确一线岗位工作年限，有助其丰富专业技术知识、提高技能水平、积累工作经验、提升工作能力，为今后的成长成才和长远发展奠定良好基础。

根据公司"放管服"要求，各省公司可根据本单位实际，对组织调配至更艰苦边远、欠发达地区同层级单位相同或相近专业岗位的，不受在一线工作"3、5、8"年的限制；岗位竞聘、组织调配至管理、技术岗位，放宽在一线岗位工作"3、5、8"年要求的，各省公司可制定年限标准，报公司审批通过后实施。

案例 39 甘肃公司本部开展管理人员下基层挂职（岗）锻炼工作，丰富一线工作经历

制定本部员工三年挂职方案，挂职人选需满足以下三项条件之一：本科及以上学历，年龄 40 周岁及以下，具备发展潜力；本部连续工作时间超过 10 年，期间未曾参加挂职（岗）锻炼；一线岗位工作经历不满足"3、5、8"要求。确定了三年内下基层挂职（岗）锻炼人选，其中科级干部 33 人，一般管理人员 34 人。2019 年已选派第一批 22 人到基层锻炼。

25 公司在青年员工培养方面有哪些举措？

答： 公司各单位结合自身特点，制定形式多样的青年员工培养措施，如员工积分制评价、"金种子"人才培养工程、"领头雁"人才培养工程、尖兵成长计划，以及青年人才孵化、员工虚拟团队建设等，推进青年员工快速融入企业，实现员工与企业共同发展。

案例 40 探索开展青年员工积分制评价体系

河北邢台公司建立成才积分库，按照资质提升、工作业绩、工作能力等维度积分难易程度和贡献值等因素进行量化。

浙江宁波公司实施青年员工培养"苹果计划"，围绕公司战略目标和年度重点工作，从 16 个维度构建青年员工业绩积分提升评价标准体系。

吉林通化公司以荣耀排行榜形式对员工积分进行排名和归段，开发移动应用程序进

行积分计算和公示，实现成长记录公开。

江苏镇江公司深化积分应用，积分结果直接挂钩岗位竞聘、评优评先、专家选聘等，年度积分各维度排名均在后 50% 的人员，原则上取消次年参与岗位晋升、人才评价、评优评先等权利。

案例 41 | 山东公司实施"金种子"人才培养工程

自 2014 年起，以年轻的优秀班组长为培养对象，以 3 年为一个周期，按照强基、提升、超越三个阶段，通过集中培训和跟踪培养，全面提升班组长的领导力、教练力、创新力、发展力；2019 年山东公司将"金种子"培养模式由班组长拓展到入职 10 年内的青年员工，实施新员工、班组骨干、班组长、管理人才、技能人才和博士人才六大培养工程，为各类人才脱颖而出、成长成才提供广阔平台。"金种子"人才培养工程的实施，营造了青年员工扎根一线、立足岗位建功立业的良好氛围，在山东公司内部形成了"金种子"文化，有效促进了青年员工成才。5 年来，256 名"金种子"提任中层干部，156 名当选省公司及以上优秀人才，8 名被授予"富民兴鲁"劳动奖章、国家电网公司技术能手称号。

案例 42 | 江苏宿迁公司基于"领头雁"人才培养工程，构建新员工长效集中培养机制

一是整合专业资源，充分发挥施工单位专业全面、工作艰苦的特点，积极打造基于施工单位的培训基地，编制涵盖变电运维等六大专业 109 项课程纲要，实施新员工 1~2 年集中实战化培养。**二是**搭建多维度成长评价体系，全面量化日常表现、理论、技能与创新等指标，强化过程考评结果与升岗、绩效等方面挂钩，提升员工成长动力。**三是**深度应用培训考核结果，针对入职 1 年的新员工，开展第二阶段专业培养双向选岗，考评优秀的优先选岗，安排"技能"导师，引导新员工快速成长。自 2016 年建立该机制后，新员工岗位胜任时间平均缩短 0.8 年，新员工中涌现出大量竞赛调考先进个人，成长质量与速度大幅提升。

案例 43 | 湖北宜昌公司"尖兵计划"助推新员工成长成才

自 2017 年起，开展新员工 5 年跟踪培养（2 年集中培养 +3 年精准培育），2 年内对新员工试用期满、轮岗见习、集中培养期满等 3 个关键期，岗前"双基"、省公司"金扳手"、国网集中培训等 3 级培训共实施 6 期考核，以考核结果选拔出两个层级（县、市）三个类别（管理创新、专家工匠、基层先锋）的"尖兵"。为"尖兵"制定精准培育方案、搭建平台，举办"尖兵"成果展示汇报会，制作"尖兵"名录推荐至各专业，每年安排不超过 2 个月的实岗锻炼或技能"充电"，符合条件的"尖兵"可以直接聘任班组长、供电所长、调入各级管理机关等。截至 2019 年，2017 级新员工获得省级及以上 QC 成果 5 项，实用新型专利 11 项，在职学历提升 6 人，注册会计师 2 人，注册电气工程师 1 人，聘任为供电所副所长 1 人，调入管理机关 2 人。

案例 44 | 天津信通公司启动青年人才孵化工程，聚智支撑能源互联网建设

一是建立初级、中级、高级三阶课程体系，全面覆盖信息、通信专业 77 门专业课程的 375 个知识点，以"师带徒"形式开展岗位培训，每周组织行动学习，快速提升技能实操水平，实现青年员工"即插即用"；充分利用网络大学和微课资源，激发自我成才内生动力，突出"小、快、灵"孵化特点，全年共 82 人全部完成本岗位初级课程考核，孵化率达 96%，下一步将分层级开展中级、高级课程培训。**二是**实施自主运维能力建设工程，刚性执行青年员工必须深度掌握 1~2 套关键系统的建设和运维技术，每季度开展技术宣讲活动，由技术专家进行评分，全年共 264 人次走上讲台，对信息通信系统架构、专业技术、业务功能等内容进行宣讲，纵深延展其自主运维能力。2019 年，通过人才孵化工程，培养输出 26 名技能骨干、6 名技能标兵，2 名青年员工首次参加第四十六届世界技能大赛，填补了"年轻化、重量级"的历史空白。

案例 45 │ 浙江公司组建青年员工虚拟团队，培育创新型人才队伍

杭州公司于 2018 年 12 月成立博士工作室，由 27 名博士组成。博士工作室成员利用业余时间主持或参与科技项目攻关，并在全公司范围内招募、吸引和带领有创新能力的硕士、本科员工 65 人，充分发挥高层次人才在科技创新和管理创新方面的领军作用，培育出一批优秀的专家人才。

丽水云和公司选拔优秀青年骨干组成"创客"虚拟团队，依托管理创新、QC 项目、典型经验等项目化载体挖掘和激发青年创新创效潜能培养计划。通过外部师资和内部"师带徒"组织专业化"培—练—赛"训练，充分挖掘团队成员潜能和能力特长。自 2018 年虚拟团队成立以来，完成专利申报 5 项，编制和发布各类创新课题 9 个，理顺或解决工程项目管理、线损管理等攻坚课题 4 个。

📋 **案例 46** | **福建厦门公司实施青年员工成长"三大工程"**

一是对入职 5 年内的青年员工全面实施"启航工程"。根据入职 1 年、3 年、5 年时限，分专业、工种规划递进式成长目标，帮助青年员工在入职后的第一个 5 年期内成长为技能熟练、业务成熟的合格员工。在此过程中，择优动态遴选其中 10% 重点跟踪培养为公司青年管理精英和电网工匠。二是对进入业务成熟期的青年员工实施"远航工程"。依托"大工种、大班组"作业组织模式，针对变电运维一体、变电检修多专业融合、输电带电与线路运检专业融合、城区低压网格化片区经理等 4 类工种开展员工"1（优势业务）+N（相关业务技能）"复合型培训，培养"一专多能"技术人才；以供电所所长、变电运维站站长、集体企业平台公司职能部门负责人等基层一线、艰苦吃劲岗位作为青年员工向管理型人才发展的三个重点培养平台，通过组织引领、实践加压，加速核心管理员工成长成才。三是对优秀、突出员工实施"领航工程"。以"三室"（技能大师、劳模、职工创新工作室）为载体，结合重点工程、重大项目攻关任务，跨部门、专业遴选优秀、突出的员工组建柔性学习团队和攻关团队，发掘青年骨干作为公司高端人才储备，开展"深化学习、内化能力、强化行动"的高端人才"三段式"系统培养，助力其快速成长为专业领军人才和懂专业、熟悉国际规则的国际化人才，满足公司发展人才储备培养需求。

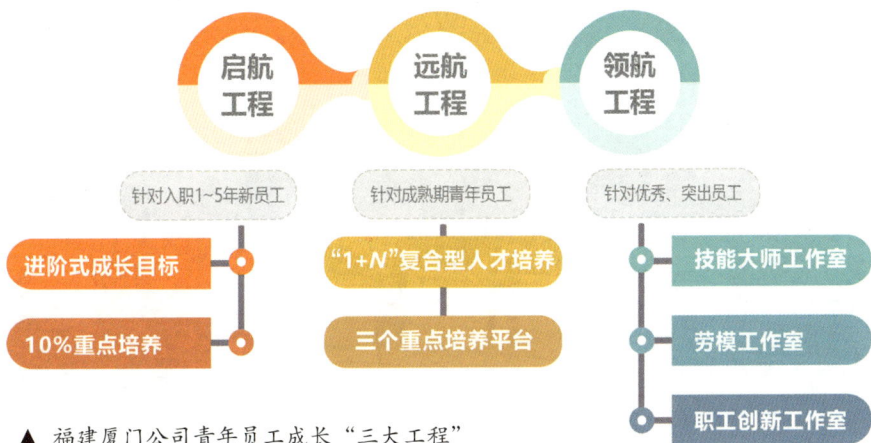

启航工程　　远航工程　　领航工程

针对入职1~5年新员工　　针对成熟期青年员工　　针对优秀、突出员工

进阶式成长目标　　"1+N"复合型人才培养　　技能大师工作室

10%重点培养　　三个重点培养平台　　劳模工作室

职工创新工作室

▲ 福建厦门公司青年员工成长"三大工程"

案例 47 │ 四川眉山公司创新实施员工
培养"三大计划"

一是实施青年员工"兰芽计划"。对青年员工采取"一年选拔，两年培养"的滚动选拔培养模式。第 1 年通过开展管理能力提升培训、结合工作实际的"十大课题研究"、检验综合素质的劳动竞赛等"三项措施"，择优选拔出 45 名"兰芽"人才。第 2、3 年对入选的"兰芽"进行职业生涯路径匹配，针对性开展"初、中、高"进阶培训，采用"双导师制"进行跟踪培养，重点开展轮岗交流、挂职（岗）等"T"字形培养。**二是**实施内训师"卓荦计划"。从"选、培、育、考、用、评"六个阶段设计内训师成长路径。将"四级四类"人才、管理骨干、技术能手、技能工匠全部纳入内训师库。开展授课技能和课件制作学习，保证优秀课程和优秀内训师的"双产出"，依托大培训、大比武、大讲堂平台，提高内训师的实战能力，评选年度"十大金牌内训师""十大精品课程"。**三是**实施班组长"士官计划"。将班组长进行分层分级，对三星（普通）、四星（优秀）、五星（卓越）三个层级的班组长进行能力素质界定，形成岗位能力图谱，对应转化为培养目标，形成

▲ 四川眉山公司实施青年员工"兰芽计划"

学习路径图。再按照融入期、成长期、成熟期三个阶段，系统性规划培训课程。结合实战演练、技能竞赛等活动检验"硬本领"，并实施定期考核、分级提升的动态管理。"三大计划"实施以来，眉山公司新增电力行业技术能手 1 名，省公司级各类人才 35 人。

案例 48 | 江西上饶公司推行供电所"新三种人"能力认证

为应对员工队伍年龄结构老化，提升一线人员的业务技能，推动运检自主实施，江西上饶公司全面开展供电所"新三种人"（即具备最基本业务能力、能爬楼梯装表接电、能登杆作业）能力认证。**一是**按照省培训中心培训精英、地市公司选派专家、县公司组织实施的模式，分层分级积极开展实操培训。**二是**借助认证通过率、认证考评员回避制、交叉认证制度等管理措施，营造"比学赶超"的良好氛围，开展"新三种人"能力认证工作成效评价，推动能力认证工作有效落地。**三是**通过将"新三种人"认证与员工绩效系数挂钩、设置自主检修运维人员工时补贴、为自主检修运维人员所在供电所和班组绩效加分等方式，综合激励"新三种人"认证成效转化为公司效率效益，盘活公司总体人力资源。

截至 2020 年 5 月，上饶公司共完成"新三种人"能力认证 3421 人，其中"第一种人"认证通过率 83.2%、"第二种人"认证通过率 20.6%，"第三种人"认证通过率 31.7%。以玉山县供电公司为例，通过"新三种人"认证后，同岗位"第一种人"与"第三种人"考核前月绩效工资相差达到 600 元。

26 作为一名老员工，在公司还有发展空间吗？

答：针对员工的发展，公司已在干部选拔、岗位竞聘等相关制度中取消了年龄的限制条件。**一是**领导干部选拔任用上不再设置年龄门槛。取消干部选拔任用过程中的年龄要求，各单位可根据工作实际，选拔任用经验丰富、工作业绩突出的员工到更高层级岗位工作。**二是**人员流动不进行年龄限制，能者上。公司在 2017 年发布《国家电网公司内部人力资源市场管理办法》等10 项制度，要求各单位不得在岗位竞聘等各种内部人员流动中设定年龄限制条件，鼓励经验丰富、能力较强的老员工积极参与内部人员流动。**三是**职员职级评定与职务、工作年限挂钩。将绩效表现好、能力素质强的优秀老员工分别聘任到相应的职级，进一步激励老员工立足岗位。

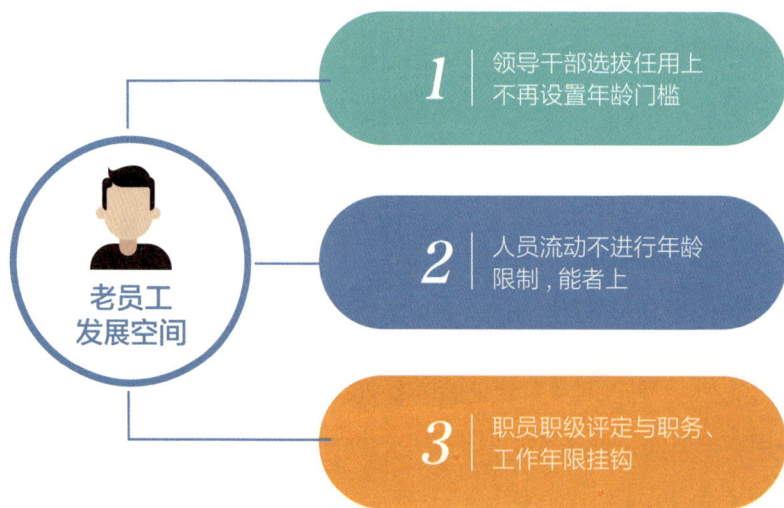

老员工
发展空间

1 领导干部选拔任用上
不再设置年龄门槛

2 人员流动不进行年龄
限制，能者上

3 职员职级评定与职务、
工作年限挂钩

案例 49 | 湖北公司"老员工"实现职场"新发展"

　　吴先进，男，56 岁，技师，湖北随州公司变电运维班副班长，从事变电运维工作 39 年，擅长处理设备"疑难杂症"，以过硬的技术被群众公认为"安全卫士"，多次荣获湖北公司"连续正确操作标兵"及检修类三级"优秀技能"人才称号，因长期扎根基层一线，业绩突出，2019 年获聘五级职员。

　　盛丹红，女，48 岁，高级工程师，湖北襄阳信通分公司通信运检班班长，主持了世界首条特高压交流通信电路襄阳中继站建设、省公司首次通信资源标准化建设、襄阳光纤传输网建设等一系列"首次"大工程，多项成果获奖，荣获襄阳市五一劳动奖章，因业绩优秀，2019 年获聘五级职员。

▲ 吴先进正在进行变电运维工作

▲ 盛丹红正在进行通信运检工作

案例 50 | 黑龙江公司老员工积极参与东西
人才帮扶，实现职场新突破

张啸，男，49 岁，黑龙江黑河公司输电带电作业专责。他积极响应公司发出的支援西藏号召，毅然报名参加了西藏帮扶工作。在帮扶期间，他积极履行对口帮扶工作职责，克服低气压、缺氧、高寒的恶劣环境，在生命禁区架设线路，为藏中联网工程贡献力量；充分发挥传帮带作用，精心编写 2 万多字培训教案，举办 5 期培训班，以理论培训和现场实操技能培训方式手把手向藏区同事传授经验技术，为藏区培训了 470 名业务合格员工。

㉗ 什么情况下员工会被降岗？

答：一是员工因工作能力、专业技术水平、技能等级水平、身体健康等原因不能胜任岗位工作的，予以调整至低层级岗位或降岗。二是年度绩效考核评级为 D 级且上年为 C 级的，予以降岗。三是开展岗位聘任制后，聘期内，触发岗位聘任协议中约定调整至低层级岗位或降岗的，岗位（级）应按照岗位聘任协议予以下降调整。四是公司规章制度规定的其他经考核符合降岗条件的。

㉘ 一线员工岗位还能再"下"吗？

答：各个岗位层级均有"能上能下"的通道，其中"能下"的通道不应存在底线。针对一线员工中部分人员履职能力、工作态度达不到岗位要求，各单位合理设置低层级岗位，健全员工岗位下降通道。对于调整到低层级岗位的员工，仍然不能胜任岗位工作的，岗位岗级、薪酬待遇在现岗位的基础上再下降，直至待岗、退出单位。

案例 51   重庆江津公司设置低层级岗位
促进一线员工"下有去处"

针对部分一线员工工作态度不积极、不认真，履职不力的现象，在运检部、调控中心、营销部、供服中心等车间及其班组，合理设置低层级、低收入岗位，一般较同层级、同类别岗位低 2~4 岗，绩效系数为 0.6。对低层级岗位人员进行动态管理，明确工作职责，严格考勤和绩效管理，在低层级岗位仍不能胜任工作的，逐级进行降岗、待岗直至解除劳动合同。通过岗位竞聘和岗位胜任能力考评，共有 8 人流向班组低层级、低收入岗位，其中有 5 人调整到变电站保安等岗位，与社会同行业薪酬水平相当，在有效震慑"庸懒散"人员的同时，减少了市场化用工需求，节约劳务费 20.8 万元。

29 员工被降岗后，是否有机会恢复原岗位（级）或晋升至更高层级岗位？

答：公司员工在满足岗位任职条件时，均可以通过岗位竞聘、组织选聘等方式晋升至更高层级岗位，不存在员工被降岗就没有机会晋升至更高层级岗位的歧视性条款。同时《国家电网公司员工退出管理规定》第二十七条规定，对现岗位降低岗级的，降岗后次年或以后年度绩效考核评级达到 B 及以上的，经本人申请，履行单位决策程序后，由人力资源管理部门办理恢复原岗级手续。

案例 52　重庆酉阳公司待岗人员成长为副所长

班员李某因消极怠工，不服从管理，连续两年等级评定为 D 级，被纳入待岗管理。在培训期间，李某感受到组织的温暖、领导的关爱、团队的力量，自我接受管理、理论、实操三个维度考评，合格结业后重返岗位。在后续岗位工作期间，李某主动申请到线损最异常的台区工作，经过积极努力，线损大幅降低，业绩提升至全公司最优，后被聘为某供电所副所长。

案例 53　四川南充公司员工"能下"更"能上"

检修分公司配电运检室员工胡某，因违反劳动纪律、频繁迟到或早退、工作态度消极懈怠，被调至低层级岗位。在降岗期间，该员工逐步认识到自己的错误，主动接受同事的监督帮助，积极参与班组各项工作，工作态度有了极大改观。在 2018 年迎峰度夏期间，主动承担班组繁重的抢修任务，快速处理客户需求，受到了一致好评。由于表现良好，后被聘为供电服务高级工，岗级比降岗前提升了 2 岗。

30　员工参加跨单位竞聘还需要原单位审批同意吗？

答：员工在参加跨单位岗位竞聘报名时不需要原单位审批。在初步确定人选时，招聘单位应向拟聘人选所在单位征求意见，核实员工竞聘报名提供的人员信息，确保绩效、一线工作年限等符合基本要求，经拟聘人选所在单位同意后再行录用，加强双方沟通交流。

㉛ 如何通过考核评价体系促进"能上能下"？

答：公司每年对所有员工进行年度绩效考核评价，结果分为 A、B、C、D 四个等级，等级积分分别为 2 分、1.5 分、1 分、0 分。"能上"方面，员工近 3 年绩效等级积分达到 4.5 分且上年绩效达到 B 级及以上的，方可聘任更高层级岗位、职务和职员职级〔包含挂职（岗）锻炼、正式借调、申请组织调配〕。对于近 3 年年度等级积分达到 5.5 分的，在职务（职级）晋升、职员评选或岗位竞聘时，同等条件下优先录用。"能下"方面，员工年度绩效考核评级为 D 级且上年度绩效为 C 级的，予以降岗；年度绩效考核评级为 D 级且不能胜任岗位工作要求的，或连续两年绩效考核评级为 D 级的，予以待岗；员工待岗期内未按规定参加待岗学习培训的，待岗期满考试不合格的，以及考试合格重新上岗后当年绩效考核评级仍为 D 级的，依法解除劳动合同。年度绩效考核评级为 D 级的职员，予以降级；连续两个年度绩效考核评级为 D 级的职员，予以解聘；年度绩效考核评级为 D 级的专家人才，予以解聘。

（二）"能进能出"

㉜ 什么是"能进能出"？

答："能进能出"，是构建市场化劳动用工管理体系的重要内容，是三项制度改革在劳动用工方面的目标之一，其含义是企业通过强化合同管理与岗位管理、推行公开招聘制度、构建内部流动机制、畅通员工退出通道等工作，推进市场化用工、契约化管理，实现用工总量控制合理、员工入口公开平等、内部流动科学高效、人员结构配置优化、员工出口畅通有序。

㉝ 员工"进"有哪些通道？

答：**公司系统层面**。在整个公司系统层面，员工入口主要包括高校毕业生招聘、复转军人接收安置、社会招聘以及系统外调入等方式。高校毕业生招聘是指依托公司招聘毕业生信息平台，面向国内外高等院校选拔优秀人才，为公司发展提供人才储备。接收安置复转军人是指根据国家相关部门要求，对符合政府安排工作条件的退役军人进行接收安置。社会招聘是指针对紧缺急需且系统内部难以调剂的人才，在用工计划内面向社会公开招聘。系统外人员调入以工作需要为前提，严格执行审批手续。

各级单位层面。除上述员工入口方式外，公司系统各级单位还可依托公司内部人力资源市场，采用多种人员配置方式，从系统内其他单位补充人员。

34 员工"出"有哪些途径？

答：公司员工因个人或组织原因退出单位的途径主要包括解除劳动合同和终止劳动合同。

解除劳动合同是指劳动关系双方依法提前终止劳动合同的法律效力，解除双方的权利义务关系，包括劳动者提出解除劳动合同、用人单位提出解除劳动合同和用人单位与劳动者协商一致解除劳动合同三种形式。终止劳动合同是指员工与所在单位的劳动合同期满或双方约定的劳动合同终止条件出现，劳动合同即行终止。

35 员工"内部流动"有哪些方式？

答：员工依托公司内部人力资源市场，可以在公司系统内部按需有序流动，主要方式包括岗位竞聘、挂职（岗）锻炼、人才帮扶、劳务协作、人员借用、组织调配等。岗位竞聘，主要解决管理、技术、重要技能岗位人员需求问题。挂职（岗）锻炼，拓展人才培养通道，选派优秀人才和业务骨干到新的职务（岗位）进行实践锻炼。人才帮扶，主要针对艰苦边远、欠发达地区重点项目、特殊任务、经营管理和生产一线岗位选派专家人才。劳务协作，针对低端业务、一线技能岗位用工需求，利用地域相邻或忙闲错峰，开展劳

务输出或相关业务委托。人员借用，主要解决临时性、阶段性紧急任务（项目）的工作需要。组织调配，根据工作需要和员工个人意愿，按组织人事权限和程序进行人员调动。

案例 54 | 四川成都公司开展内部劳务协作，
引导员工灵活"内部流动"

针对城区直属单位缺员而"子改分"县公司超员的问题，通过实施内部跨县公司间劳务协作，并将县公司"人员配置率"作为薪酬总额的重要计核要素，引导超员县公司主动参与协作。先后组织劳务协作人员 100 余人，协作业务范围包括变电运维、供电服务抢修指挥、台区线损清理等多个专业，帮助公司平稳接收新划转区域变电站 15 座，实现故障抢修到达现场用时下降 23.6%，城区供电单位台区线损合格率提升 22.9%，真正发挥了劳务协作组织方式灵活，利用忙闲错峰或地域相邻高效利用人力资源的特色优势。

案例 55 | 浙江舟山公司做好重点专业和
关键岗位立体式管控

一是对公司本部共计 12 个专业（部门）进行访谈、发放调查问卷等，进一步细化公司本部重点专业和关键岗位职责及岗位履职要求。二是构建重点专业和关键岗位关键风险评定模型，形成《舟山公司重点专业和关键岗位风险识别判定细则》，建立岗位职责和岗位风险信息库，对相关专业的关键岗位风险进行识别和评估，为实现精准风险防控提供依据。三是构建重点专业和关键岗位风险评价体系，评定岗位风险等级，判定《舟山本部岗位风险登记表》，为岗位交流轮换提供依据。

📋 **案例 56** 湖北武汉公司多样化开展
员工"内部流动"

　　一是开展岗位竞聘。以公开竞聘方式，开展电动汽车服务分公司负责人、公司团委书记等核心岗位选拔，打破隐形台阶，让大胆使用敢于迎难而上、担当作为的年轻干部成为风向标。二是开展内部劳务协作。结合业务量和实际用工配置情况，组织县公司因地制宜开展供电服务职工分流，通过内部劳务协作方式，进行合理创收。三是创新挂职（岗）锻炼形式。通过"外学内炼"形式，选派管理骨干到经济发展较好的区域或管理较先进的单位开拓视野；选拔 11 名青年骨干担任总经理（主任）助理；选拔 13 名青年员工到供电所担任所长助理，协助所长分管安全生产；选拔 15 名管理技术骨干在机关与基层的生产专业、综合管理岗位间进行交流轮岗，打通内部专业、层级壁垒，推动专业协同与业务融合。

📋 **案例 57** 山东烟台、威海公司积极探索
实施区域劳务协作新模式

　　一是建立"一人一档"储备库和匹配库。针对所辖县公司人员总量超编、活力不足的难题，威海公司集中梳理 336 名县公司冗余人员，成立营销、输电、变电、配电四个专业组，确认 26 个专业类别、86 项常规和 43 项其他可承揽业务。二是制定先培养、后配置、再上岗三步走策略。配套编制人员选拔、培训、激励、保障四大工作模板，明确基本、专业和绩效三大条件，开展基本能力、专业技能、企业文化 3 门必修课和 1 门专业选修课"3+1"岗前培训，树牢"多劳多得、多贡献多得"导向。2018 年以来，共71 名县公司员工到烟台海阳、东营胜利公司开展跨区域劳务协作，80 名县公司员工到威海市公司承揽变电运维、通道防护、充电桩运维等业务，跨区域、区域内盘活员工收入较原岗位分别增长 35%、21%。2019 年山东公司编制下发《关于加大人力资源存量

盘活力度解决一线超缺员矛盾的意见》，综合运用工资总额、薪酬福利、职业发展、员工关爱等多种激励手段，分类设计 10 项劳务协作激励措施，在全省范围内推广劳务协作。截至 2019 年年底，山东公司已有临沂、泰安等 14 家市县公司开展跨区域协作。

36 如何有效推进"能进能出"？

答：有效推进"能进能出"，要从劳动合同管理工作着力，强化全过程管理和关键环节管控，以合同管理破除"身份"意识，树立契约化理念、预防和减少劳动争议、畅通人员出口。**一是强化员工入口管理。**科学拟定招聘计划，侧重补充一线主干专业，优先配置紧缺急需岗位。拓宽人才引进通道，针对紧缺急需且系统内部难以调剂的人才面向社会公开招聘。**二是劳动关系的建立。**建立劳动关系应订立书面劳动合同，首次订立合同应同时订立试用期协议书。订立劳动合同应履行告知义务，强调应解除劳动合同的情形。**三是劳动关系的履行。**员工定岗和岗位调整时，应订立岗位协议书或岗位聘任协议书。完善岗位管理，明确岗位职责、任职条件、行为规范、奖惩依据等，为员工退出提供依据。通过内部人力资源市场促进不同组织单元之间的人才支持和互补，推动员工有序正向流动。**四是劳动关系的终止和解除。**严格执行员工降岗、待岗、转岗规定，持续规范清理不在岗人员，严格依法解除触碰"红线"员工的劳动合同。

案例 58 | 河南公司常态化实施农电用工按特殊工种退休，促进用工总量大幅压降

一是争取政策支持。 积极推动河南省政府出台《关于农电体制改革养老保险有关问题的处理意见》（豫人社养老〔2015〕5号），明确从事线路工工作的农电用工可按特殊工种55岁办理退休手续。**二是加强沟通协调。** 组织市县公司与地方人社部门加强沟通协调，充分沟通农电用工退休办理细节，为顺利开展工作奠定基础。**三是抓好关键环节管控。** 编写宣传手册，宣讲到每个供电所、每名农电用工。调研制定工作方案，明确建档、个人签字、审批、离岗4个关键环节管控措施。各市县公司逐人确定农电用工的入职、社保缴费时间，完善人事档案，集中办理退休审批。**四是紧盯过程全力推进。** 分解下达市县供电公司退出计划，责任落实到人。采用周报、通报、约谈、现场督导等方式推进工作，有效保障工作任务完成。2016年以来，河南公司农电用工减员1.1万人，用工结构不断优化，人力资本效率效益持续提升。

③⑦ 推进"能进能出"的关键环节是什么？

答： 现阶段，公司推进"能进能出"的关键环节在于明确什么人应该"进"和应该退出的人如何"出"。

（1）提高招聘补员的靶向度和精准性。

一是高校毕业生招聘要瞄准公司建设发展和安全稳定体系建设需求，聚焦核心业务，重点补充一线主干专业及业务发展所需的新兴专业人才，精准配置到专业最紧缺、工作最急需的岗位上。

二是社会招聘主要针对市场化产业、金融单位以及送变电施工和监理、综合能源服务、增量配售电等公司的用工需求，实行用工总量计划管控和招

聘人选备案管理，引进专业急需、经验丰富、具备特需职业资格和新兴业务关键技术的高端人才和领军人物。

（2）强化员工退出的规范化和长效性。

一是强化约定退出标准、开展考核考勤、规范实施流程、建设支持系统等全过程管理。规范签订劳动合同和各类协议，明确员工胜任标准、奖惩依据、退出条件等内容；增强绩效、考勤管理的有效性，深化结果应用；建立岗位管理、激励约束、培训发展、法务管理等支持机制。建立员工绩效管理与考勤管理、转岗、降岗、待岗、待岗培训、合同解除等渐进管理机制，防微杜渐，稳妥退出。

二是形成员工退出的长效机制。从组织维度着力解决退出动力问题，通过技术与管理创新、业务调整和运营模式优化，压降用工需求；通过加强考核激励、内外部对标等，增强各单位推进员工退出的紧迫感。从员工维度，通过健全退出机制，激发队伍危机感和竞争意识，提升员工工作积极性；同时，要加强正向激励力度，让更多积极作为、敢于担当的干部员工获得改革红利，推进改革走深走实。

38 什么是劳动用工契约化管理？

答： 劳动用工契约化管理是指企业依据国家法律法规和公司规章制度有关规定，对劳动用工管理行为采用书面契约的形式固定下来，以明确企业和员工的权利义务，便于规范管理和监督，从而建立健全具有刚性约束力和更强激励作用的用工管理方式。劳动用工契约化管理的主要表现形式是加强劳动合同管理，严格做好劳动合同和各类协议的订立和履行。

案例 59 | 浙江公司推广劳动合同电子化，
提高用工契约化管理水平

浙江公司推广员工劳动合同在线签约平台，以信息化技术实现劳动合同智能化管理，将劳动合同首次签订、续签、变更、中止、恢复、终止、解除、岗位变更、竞业限制协议签订等全过程及各项协议书逐步纳入信息平台进行管理，逐步实现劳动合同和各类协议信息化率 100%，有效提升防范用工风险能力。通过劳动合同电子化，进一步强化员工履职履责的契约意识，让全体员工树立"底线"和"红线"意识。用人单位能够更有效地管控劳动合同关键环节，不胜任工作的不再续订，提高用工契约化管理水平，不能"一签定终身"。将保护商业秘密、竞业限制纳入劳动合同管理，建立市场化劳动关系，以契约方式推进"三项制度"改革。

㊴ 什么样的情形可以签订无固定期限劳动合同？

答：（1）用人单位与劳动者协商一致，可以订立无固定期限劳动合同。

（2）有下列情形之一，劳动者提出或者同意续订、订立劳动合同的，除劳动者提出订立固定期限劳动合同外，应当订立无固定期限劳动合同：①劳动者在该用人单位连续工作满十年的；②用人单位初次实行劳动合同制度或者国有企业改制重新订立劳动合同时，劳动者在该用人单位连续工作满十年且距法定退休年龄不足十年的；③连续订立两次固定期限劳动合同，且劳动者没有《劳动合同法》第三十九条和第四十条第一项、第二项规定的情形，续订劳动合同的。

（3）在续订或首次订立劳动合同时，除应订立无固定期限劳动合同的法定情形外，符合下列情形之一的，可订立无固定期限劳动合同：①获得地市级及以上，或公司系统内省公司级及以上劳动模范、先进工作者、"五一"劳动奖章获得者等突出贡献人员；②获得地市级及以上，或公司系统内省公司级及以上人才荣誉称号的。

⓵ 员工与单位签订无固定期限劳动合同，是否就捧上了"铁饭碗"？

答： "铁饭碗"是因为契约化意识淡薄而对劳动用工管理产生的误解。员工与单位订立劳动合同，即使是无固定期限劳动合同，也并不代表员工有了"铁饭碗"，在出现法律规定或双方约定的解除情形时，单位与员工的劳动合同是可以解除的。解除情形包括双方协商解除、员工主张解除和用人单位主张解除三类。

> 案例 60 | 湖北襄阳公司坚决清退
> "不守规矩员工"

某县公司 2018 年与职工田某签订无固定期限劳动合同，田某认为捧上了"铁饭碗"，工作经常迟到早退甚至旷工，严重违反该公司考勤纪律，达到了劳动合同解除条件。该公司在掌握其日常考勤数据、绩效等级评定结果后，安排所在班组负责人、人资部主任、分管领导分别对其进行工作约谈，强调其行为已违反劳动纪律，如再不改正公司将与其解除劳动合同。在多次约谈仍未有效改观情况下，襄阳公司依据《劳动合同法》和《国家电网公司员工奖惩规定》，向其书面下达解除劳动合同通知书，通知其在规定时间内办理解除劳动合同手续，在签订了解除劳动合同协议书和证明书后，2019 年正式与田某解除劳动合同。

> 案例 61 | 北京城区公司解除无故长期
> 不在岗员工劳动合同

职工吴某因个人原因一直未到单位出勤，且未履行正当的请假手续。人资部多次通过拨打电话、派人到其住址寻找、通过其家人联系等渠道联系本人，并要求其尽快返岗工作。之后，吴某既未按其承诺返回单位，人资部也无法再联系到本人。人资部通过查看劳动合同和员工登记表中相关信息确定有效邮寄地址后，通过 EMS 快递多地址向吴某邮寄《限期返岗通知书》（在快件包装封皮标注文件内容为《限期返岗通知书》）。同时，人资部在《北京晚报》上刊登了通知吴某限期返回单位报到的公告，期限过后，吴某仍未返回单位报到。按照公司员工奖惩相关规定，在征求本单位工会和上级工会意见后，北京城区公司单方与吴某解除劳动合同，并向吴某邮寄了《解除劳动合同通知书》。

④ 用人单位应如何用好试用期及首次续订劳动合同两个窗口期？

答：（1）严格试用期考核。 用人单位与劳动者可依法约定试用期，在试用期间被证明不符合录用条件的员工，用人单位可单方解除劳动合同，这是法律赋予用人单位的、专属于试用期内的劳动合同单方解除权。出于"用人单位和劳动者建立劳动关系后为相互了解、选择"而约定试用期的立法本意，用人单位在试用期内的劳动合同单方解除权所受到的限制和所需支付的成本是相对较少的。因此，用人单位应在试用期间加强对试用人员的考核，甄别不符合试用期协议、劳动合同书相关条款要求的员工，并与之解除劳动合同。

（2）谨慎续订劳动合同。 根据《劳动合同法》，连续订立二次固定期限劳动合同，且劳动者没有该法第三十九条和第四十条第一、二项规定情形，续订劳动合同的，除劳动者提出订立固定期限劳动合同外，应当订立无固定期限劳动合同。因此，用人单位应充分用好首次续订劳动合同的重要窗口期，对不符合劳动合同书相关条款要求的员工，在首次订立固定期限劳动合同终止时不再续订。

案例 62 | 南瑞集团紧抓首期劳动合同窗口期，
加大绩差员工退出力度

南瑞集团绩效管理实施细则明确，首期劳动合同期限内年度绩效考核评级三次为 C 级或出现 D 级的，劳动合同到期后原则上不予续签，确有必要续签的，须履行本单位集体决策程序。2019 年，南瑞集团强化落实监督，统一梳理年内首期劳动合同到期的绩差员工信息，第一时间告知并按季度监督所在单位落实，指导所在单位加强思想沟通，规避劳动争议风险。全年 10 名绩差员工首期劳动合同到期终止。

㊷ 如何鼓励和引导员工向艰苦边远和欠发达地区流动？

答：（1）加大招聘补员倾斜力度。强化差异化补员研究，科学拟定不同区域、不同单位的高校毕业生招聘计划，提高艰苦边远和欠发达地区毕业生招聘灵活性和自主性，提升招聘补员成效。推行艰苦边远地区高校学生定向培养和招聘，充分利用公司职业院校人才培养优势，支撑艰苦边远地区一线主干专业人员配置。适当放宽艰苦边远地区供电服务公司招聘条件，着力解决营配业务用工缺口问题。

（2）加大内部流动倾斜力度。适当放宽向艰苦边远和欠发达地区跨单位流动人员的学历、工作年限、绩效积分等条件要求，鼓励各单位制定艰苦边远和欠发达地区的流动积分等激励措施。通过专业人才交流培养、单位结对共建等方式，促进与艰苦边远和欠发达地区间的挂职（岗）锻炼、人才帮扶和劳务协作。畅通市县之间、县县之间员工流动渠道，市县一体化盘活存量，促进员工向艰苦边远、欠发达地区流动。根据需要开展单位内部其他地区与艰苦边远、欠发达地区的人员轮换，设置区域内流动互助队伍，确保完成各项重点工作任务。

（3）**加大薪酬福利保障倾斜力度**。对于人员流入意愿低的区域和岗位，各级单位可适当加大薪酬福利保障倾斜力度，根据实际客观界定倾斜范围，针对性拉开收入差距，改善办公和生活条件，实施福利项目倾斜政策，提高艰苦边远和欠发达地区生产一线岗位吸引力。

案例 63 甘肃公司落实和完善艰苦边远地区激励措施，鼓励员工扎根艰苦边远地区

制定 43 条激励措施，建立三类以上艰苦边远地区员工常态流动机制，每年给予固定流动名额，员工按照本单位工作年限、累计绩效积分等条件，由各单位制定积分规则，允许工作时间长、绩效积分高的员工流动至其他单位，在高校毕业生招聘时考虑人员流动因素对艰苦边远单位额外补员。甘肃检修公司加大薪酬分配向艰苦边远地区员工倾斜力度，每月对艰苦边远变电站整体核增 5% 的绩效薪金总额；根据变电站距离和艰苦程度，差异化设立工作日补贴标准，按实际工作日发放；以半年为周期从人员富余地区抽调人员轮流到缺员地区运维值班，期间调增员工绩效系数，同时兑现工作日边远补贴。

❹❸ 如何解决艰苦边远地区人才"进不来"问题？

答：针对艰苦边远地区人才"进不来"等问题，公司自 2015 年以来，每年选拔西藏、新疆及四川、青海、甘肃藏区等艰苦边远地区本地高中生，通过高考定向招录到公司所属职业院校开展定向培养，大学专科毕业后安排到一线岗位工作；从部分高校选拔工学专业学生，在校期间开展订单培养，毕业后直接上岗工作。通过"订单 + 定向"培养制度，为艰苦地区优秀青年人才提供了就业机会，公司艰苦边远地区人才引进困难问题得到一定程度缓解。

| 四川公司开展艰苦边远地区定向培养

面向藏区为主的艰苦边远地区生源，在高考后执行分县定向招生计划，录取到四川电力职业技术学院进行免费培养。学生与生源地县供电公司、培养学校签订三方定向培养和就业协议，修完全部课程并经企业认证合格后，回到定向就业单位的生产岗位入职工作。学生培养充分体现校企融合，按照"1.5+1+0.5"的现代学徒制职业教育模式安排教学内容，学生在前 1.5 学年主要学习公共基础课程、电力专业基础课和电力专业课，随后 1 学年按照国网新入职员工培养要求开展企业文化、职业素养和职业技能实训，最后 0.5 学年定岗实习。目前，四川公司招生 9 届 886 人，毕业入职 526 人，毕业生逐步成长为当地县公司生产业务骨干，为艰苦边远地区打造了一支具备专科学历层次、较好生产技能、适应当地生活条件的本土人才队伍，有效缓解了艰苦边远地区人才"进不来"问题。

| 青海检修公司结合"订单培养"
建立人员内部流动机制

以海南 ±800 千伏特高压换流站成立为契机，针对艰苦地区留人难的实际，采取"堵疏结合"的方针，结合"订单培养"，提前 3 年筹划海南特高压人员专项补员及配置方案，同期在高校毕业生招聘过程中分批次专项补员 40 人，保障特高压抽调后西部地区单位的人才需求。2019 年分两批采用公开选拔的方式，从西部艰苦地区选拔 40 名各层级专业骨干到距省会较近的特高压换流站工作，为特高压交直流工程生产做好人力资源支撑。通过特高压人员选派，建立了公司内部东西部交流的机制，在盘活内部人力资源的同时，留住西部艰苦边远地区人才。近 5 年新入职的员工未发生离职情况，高校毕业生流失率较往年有显著下降。

甘南藏族自治州平均海拔 3000 米，条件艰苦，外地高校毕业生适应困难，入职后流失严重。2019 年经国家电网公司批准，甘南公司与本地高校甘肃民族师范学院开展订单培养，以本地生源、少数民族学生优先为原则，选拔在校优秀学生进行联合培养。目前共选拔学生 20 人，均为甘南本地生源，其中藏族学生 14 人。通过学校增开电工类课程、用人单位组织学生入企实习等措施，培养懂专业、懂民风的技术技能人才，有效缓解甘南公司招人难、留人难和少数民族学生就业难的问题。

④④ 如何鼓励和引导员工立足一线岗位成才？

答：（1）加强一线人员发展通道建设。 畅通行政、专家人才、职员等多通道待遇衔接，构建多元职业发展路径。做好生产一线岗位职员评聘，优化职员聘任条件，充分发挥职级晋升的激励作用。职务（职级）晋升、职员评选或岗位竞聘时，同等条件下要优先选拔有 2 年及以上艰苦边远地区一线班组长、供电所长岗位经历人员，或参加挂职（岗）锻炼、人才帮扶、劳务协作、人才扶贫等表现优秀人员。

（2）注重蓝领工匠人才培养。 落实终身职业技能培训要求，通过现场培训、岗位练兵和师带徒等多种方式，常态化开展员工入职、适岗、转岗、晋升等过程培养，倡导员工全职业生涯学习。重点做好独当一面的专家型人才、一专多能的复合型人才、优秀班组长三类技术技能人才培养，加大薪酬分配倾斜力度，优先提拔使用，形成一线岗位成才的正面导向。加强新员工培养发展引导，实施跨专业、跨层级轮岗交流，激励青年员工专业专注、岗位建功。

（3）注重转岗培训管理。 针对新技术推广应用、业务调整和重点工作开展情况，梳理各专业实际用工需求差异，建立转岗培训常态机制，优先做好培养、培训工作，加强特殊专业培训，科学制定培训方案，强化激励引导，提升员工适岗能力，解决人岗不匹配矛盾，促进人员由传统业务向新兴业务和紧缺一线流动。

案例 67 | 湖北黄石公司实施一线班组特殊岗位专项激励

每年梳理成长进步快、人员流动大、缺员严重的生产核心班组和边远运维班组，经办公会研究和公示，将对应岗位设为特殊岗位，设置专项激励政策。**一是**配置激励。建立一线员工流动积分台账，按一线工作年限积分，每满 12 个月积 1 分，特殊岗位额外加 1 分，在实施生产岗位向管理（技术）类岗位流动时须满足基础分值，优先录用高分员工。**二是**待遇激励。缺员班组"减人不减资"，绩效工资按最低配置人数下达。同时实施津贴定向激励，中夜班津贴翻倍，增设特殊天气外勤津贴和边远站（所）津贴，按月最高差距可达 1620 元。设置特殊岗位年资贡献奖励，按在特殊岗位实际工作年限发放年资奖励。**三是**发展激励。对在艰苦边远地区岗位工作的员工，缩短聘任职员职级年限要求，特别优秀的，可以实行破格。2018 年聘任五级职员全部为一线班组长，3 年绩效平均积分 5.15 分，一线工作平均年限 25 年，90% 担任工作负责人（工作许可人、工作票签发人）10 年以上，3 人因特殊岗位经历优先聘用。

配置激励	待遇激励	发展激励
流动积分高	"减人不减资"	技能职员聘任
优先录用	中夜班津贴翻倍	五级 10 人
	增设边远站所津贴	六级 15 人
	增设岗位年资	七级 126 人
	贡献奖励	

▲ 湖北黄石公司特殊岗位专项激励措施

案例 68 ｜ 天津宝坻公司实施"继任计划"，
守一线、重培养、促成才

　　一是择优选拔，满足主营业务发展需求，针对 12 个"班长老龄型"和 5 个"人才断层型"班组，开展班长助理选拔聘任工作。以技能水平、业务能力为基础，综合考量工作表现和业绩贡献等情况，择优选拔 17 名具有培养潜力的青年员工为班长助理，聘期 1 年。班长助理在授权范围内辅助班长组织开展工作，提升带领队伍、开展业务的能力。**二是**量身培养，坚持选有所用的原则，由专业部门结合每位青年员工的性格特点和潜质特征，量身订制专项发展计划。通过动态调整培养策略，组织各专业专家人才传道授业，帮助青年员工科学建立发展目标和职业规划，快速成长为专业扎实、技术过硬的专业能手。**三是**多维激励，依据任期考核评价结果，给予一次性薪酬奖励；表现优异的纳入人才储备池，在班组长选拔聘任中，优先聘用；与职务通道接轨，明确在选拔任用科级干部时，优先选择具有 2 年及以上班组长岗位经历者，畅通一线岗位成长通道，助力青年员工立足岗位、成长成才。

㊺ 哪些情况下，员工会被待岗？

　　答：有以下情形的，单位可对员工予以待岗处理：**一是**员工经考核不胜任工作的，可予以离岗培训、调整岗位、待岗处理。**二是**员工连续两年绩效考核评级为 D 级的，应纳入待岗管理。**三是**员工因改革改制、机构或岗位调整等原因退出原工作岗位，不参加竞聘上岗且不服从组织安排的，应纳入待岗管理。**四是**员工参加转岗培训结束后，连续两轮培训考试仍不合格的，应重新设定目标岗位，考核仍不合格的，次月起待岗。**五是**公司规章制度规定其他符合待岗条件的。

案例 69 | 重庆酉阳公司依法合规将 12 名
绩效双 D 人员待岗

一是明确考核标准。合规制定绩效考评实施方案，结合公司重点工作和薄弱点，每年有针对性地动态修编 C、D 级负面清单，并通过职代会讨论通过后实施。**二是**严格考核执行。根据年度绩效考核结果，对连续两年 C、D 级的 8 名员工和 D、D 级的 12 名员工实行降岗和待岗培训处理，处理员工占公司总人数的 4.6%。**三是**依法合规推进。绩效考评公平公开，12 名待岗处理的员工口服心服，参加公司集中培训合格后自愿到各供电所从事台区线损治理、反窃电和低电压整治工作。**四是**人文关怀引导。督促各级绩效经理人加强对员工的帮助和教育，共同努力提升绩效。让员工感受组织的温暖，领导的关爱，团队的力量，让每一位员工不掉队。

案例 70 | 湖南长沙公司对 17 名绩效双 D
人员实施待岗跟踪管理

一是与应待岗人员进行面谈，了解其思想动态、绩效为 D 的原因，从根源上找到改进的着力点。**二是**有针对性地开展各阶段培训，安排跟班实习，并以"半月反馈"的方式跟进待岗人员工作绩效提升情况。**三是**所在单位负责人定期与待岗员工进行交流，协调解决工作、生活中的难题，让待岗员工感受到组织的关怀和集体的温暖。**四是**对拒绝参加或中途退出待岗培训的 3 名应待岗员工，依法合规解除劳动合同。14 名待岗人员培训考核合格后，返岗工作且表现良好，部分人员现已成长为专业骨干。

㊻ 什么情况下，用人单位应与员工中止劳动合同？

答：劳动合同的中止是指劳动合同存续期间，由于某些因素导致劳动关系主体双方主要权利义务在一定时期内暂时停止履行。中止劳动合同的情形包括：员工失踪或下落不明且尚未被人民法院宣告失踪的；涉嫌违法犯罪被有关机关收容、留置、拘留或逮捕等被限制人身自由的；涉嫌严重违纪接受有关部门调查而中断工作的；国家法律法规规定的其他情形。

㊼ 劳动合同中止期间，用人单位暂停履行哪些义务？

答：包括劳动报酬、福利待遇、休息休假等。对建立企业补充医疗保险、企业年金的用人单位，还应一并中止相应待遇。劳动合同中止期间，社会保险、住房公积金关系随之中断，统筹地区政策另有规定的，从其规定。

㊽ 出现中止劳动合同情形时，用人单位应履行哪些程序？

答：员工出现中止劳动合同情形且双方能协商一致的，用人单位经履行决策程序后，与员工订立中止劳动合同协议书。员工被限制人身自由、意外失踪或下落不明等双方无法协商的，用人单位可依法单方中止劳动合同，中止劳动合同通知书通过法定程序送达。

49 中止劳动合同情形结束时如何处理？

答： 员工依法离岗履行国家规定的其他义务、经证明被错误限制人身自由或未被依法追究刑事责任，自期满或解除强制措施之日起，员工应在一个月内与用人单位办理相关手续，恢复劳动合同的正常履行。出现解除和终止劳动合同情形的，按公司员工退出管理规定相关程序办理。

50 什么情况下，用人单位应与员工解除劳动合同？

答：（1）双方协商一致的。

（2）试用期内不符合录用条件的。

（3）员工有下列严重违反用人单位规章制度情形之一的，用人单位应解除劳动合同：①留用察看期内再次发生违规违纪行为的。②连续旷工15日及以上的，或1年内累计旷工30日及以上的。③原停薪留职或长学人员，用人单位通知其回本单位工作，在30日内未返回的。④员工待岗期内未按用人单位规定参加待岗学习培训的。⑤以欺诈（学历造假、证书造假、业绩造假等不诚信行为）、胁迫的手段或者乘人之危，使用人单位在违背真实意思的情况下订立或者变更劳动合同的。⑥严重失职，营私舞弊，对企业造成重大损害的。⑦同时与其他用人单位建立劳动关系，对完成本单位工作任务造成严重影响，经用人单位提出拒不改正的。

（4）员工不胜任岗位工作，经培训或调整工作岗位后，仍不能胜任工作的，用人单位应提前30日以书面形式通知解除劳动合同。包括下列情形：①待岗期满学习培训考试不合格的。②待岗员工待岗学习培训考试合格重新上岗后，当年绩效等级仍为D的。③用人单位规章制度规定的其他情形。

（5）被依法追究刑事责任的。对构成犯罪被判处刑罚（包括管制、拘役、有期徒刑、无期徒刑、死刑及刑罚缓刑）的，一律解除劳动合同。

（6）各单位对解除劳动合同条件有更严格要求的，在符合国家和地方法律法规、用人单位规章制度规定的情况下，经履行相应程序后，用人单位可与员工解除劳动合同。

51 如何分类做好劳动合同解除工作？

答：一是员工主张解除劳动合同。在企业优秀人才提出辞职后，单位应主动做好离职面谈工作，深入了解员工辞职的原因，提出有针对性的激励方案，努力挽留人才；听取员工对公司管理运营等各方面的意见和建议，搜集有利于改进发展的有效信息。同时，对于离职原因、离职去向、去向单位等信息做好搜集并及时录入系统，用于人才流失分析和可能出现的劳动争议处理。

二是解除违法违纪人员劳动合同。与违法违纪人员解除劳动合同要注重整体设计、专业联动和协同推进，以岗位定责、以考核碰硬、以收入拉差，建立员工绩效管理与考勤管理、转岗、降岗、待岗、待岗培训、合同解除等渐进管理机制，循序渐进，稳妥推动。在解除合同过程中，要加大法律支持，强化证据留存意识，对考勤记录、旷工通知书等法律证据做好留存管理。

三是解除不胜任工作人员劳动合同。与该类人员解除劳动合同的关键是如何认定"不胜任"，用人单位应承担严格举证责任。因此要强化绩效管理，约定考核标准，科学评估绩效表现，做好绩效反馈和沟通。对于不能胜任工作人员，要对其进行针对性培训或调整岗位，此后仍不能胜任工作的，可与之解除合同。

四是解除不在岗人员劳动合同。针对内退、待岗、长病、长学、停薪留职、外借等不同类型的人员，依法合规开展规范工作，符合解除劳动合同条件的应依法解除劳动合同，符合支付经济补偿金的，应按国家相关法律规定办理。

五是劳动者有下列情形之一的，用人单位不得依照《劳动合同法》第四十条、第四十一条的规定解除劳动合同：①从事接触职业病危害作业的劳动者未进行离岗前职业健康检查，或疑似职业病病人在诊断或者医学观察期间的。②在本单位患职业病或者因工负伤并被确认丧失或者部分丧失劳动能力的。③患病或非因工负伤，在规定的医疗期内的。④职工在孕期、产期、哺乳期的。⑤在本单位连续工作满十五年，且距法定退休年龄不足五年的。⑥法律、行政法规规定的其他情形。

(52) 各单位在开展劳动合同解除工作中有哪些好的做法？

答：近年来，各单位在稳妥推进三项制度改革、依法合规解除劳动合同方面进行了积极探索，关键是各级企业负责人对于不遵守企业规章制度人员不能手软，要严格加强批评教育，对于通过绩效手段、转岗、降岗、待岗等多种方式后仍不悔改的员工，要依法依规解除劳动合同。公司 2019 年印发《劳动争议典型案例集》，对于各单位解除劳动合同、处理劳动争议提供了积极应对措施。

案例 71　四川宜宾公司建立解除劳动关系“三化”管理模式，畅通员工退出通道

一是工作流程“标准化”。按照劳动关系解除的不同情形制定标准工作流程，明确解除劳动合同事由、单位意见、确定协商结论、工会意见、通知有效送达、工作交接、开具解除劳动合同证明等关键工作环节及重要过程性资料。**二是**工作任务“表单化”。确定牵头部门和配合部门，细化重要事项和时间节点，列明法律意见书、办公会纪要、签收证明、谈话录音等佐证材料，确保解除过程的合法性和合规性，杜绝劳动争议风险。**三是**重难点事件“差异化”。针对因员工违规单位主张解除劳动关系等情形，法律部门全程参与提供法律支撑，严格履行告知、警告等程序义务，做好全过程资料、证据要件、证

人证言收集，实现电子化保存，确保证据链完整有效，保证解除合同通知有效送达，保障劳动关系双方合法权益。2017 年以来，已累计与 12 名长期职工解除劳动关系，指导集体企业与 12 名聘用职工解除劳动关系，其中单位主张解除劳动关系 8 人。

序号	流程步骤	流程名称	所需流程材料	关注要点
1	流程一	出现法定解除事由	根据不同事由需要相应的证明材料	确保证明材料的完整和有效，事由符合法律规定
2	流程二	单位决定	会议纪要或记录、单位文件或决定	（1）本人签收或者其他有效的送达方式，签收外其他送达方式包括：留置送达、委托送达、邮寄送达、转交送达、公告送达。 （2）严重违反规章制度的，应按决策程序先进行处罚，并告知劳动者。 （3）营业执照载明的法定负责人或法定代表人签字
3	流程三	征求工会意见	工会出具同意解除劳动关系的意见或其他有效形式	签字盖章
4	流程四	发出解除通知	解除劳动合同通知书，包含劳动合同签订与履行情况、解除事由、解除时间	本人签收或者其他有效的送达方式
5	流程五	完成单位内部工作和有关档案交接	工作交接单	（1）单位需支付经济补偿的，在工作交接时办理。 （2）劳动者对单位的赔偿和补偿。 （3）单位应付劳动者或劳动者应付单位的债务处理。 （4）借用和占用物品归还。 （5）其他债权处理
6	流程六	出具解除劳动合同的证明	证明书	（1）证明应包含劳动合同期限、解除劳动合同的日期、工作岗位、在本单位工作年限。 （2）证明一式两份，一份给个人，另外一份个人签字后由单位留存。 （3）本人未签收的，通过其他有效的方式送达。 （4）在十五日内为劳动者办理档案和社会保险关系转移手续，落实户籍的处理
7	单位法律顾问是否参与审核把关			

案例 72 | 北京电力工程有限公司依法解除医疗期满
未返岗人员劳动合同

　　员工李某口头提出本人因身体原因无法正常工作申请进入医疗期，但未提供医疗证明等任何书面材料，随后便不再到岗工作。该公司人资部和分管领导多次电话约谈李某，但均被李某以各种理由推诿拒绝。公司随后对其正式下达《限期返岗通知书》，李某拒绝签收，并携带相关医疗证明再次提出因身体不适要求进入医疗期。该公司按照医疗期相关规定与其签订了为期两年的医疗期协议，并要求其每月按时上交医院的诊断证明及病休医嘱。在医疗期满前一个月，该公司向李某发出返岗通知书和劳动能力鉴定告知书，通知其本人在一定时间内到相应的鉴定机构进行劳动能力鉴定，将凭鉴定结果对其安排工作。人资部工作人员多次陪同李某家属到鉴定机构提交鉴定材料，均以不符合鉴定标准被拒绝。该公司再次向其发出督促返岗通知书，反复向其本人及家属宣讲公司政策和国家法律法规，经过多次沟通协调，最终本人提出辞职，双方协商一致解除劳动合同。

案例 73 | 福建公司强化试用期考核结果应用，
依法解除劳动合同

在与新员工签订劳动合同时，同步签订试用期协议，明确试用期考核要求及结果应用，依法形成有效契约。试用期内统一制订考核方案，采取月度绩效考

◀ 现场技能考核

核、应知应会笔试和现场技能考核相结合的方式对新员工进行试用期考核。统一组织实施，确保过程公平公正、规范有序。2018 年入职供电服务公司的员工中，1 人因试用期考核不合格，由用人单位依法与其解除劳动合同。

案例 74 │ 江苏常州公司实施优秀人才
劳动合同解除"四步法"

第一步，员工提交辞职信后，由本部门党政负责人开展面谈，初步了解离职原因，尽量帮助解决工作和生活中存在的困难，争取打消其离职想法。**第二步**，人资部对员工入职后的工作环境、职业发展、薪酬激励等情况做出梳理，对员工离职的深层次原因开展分析，与员工进行面谈，了解离职去向，形成分析报告并提交公司领导。**第三步**，公司分管领导与离职员工进行面谈，帮其分析职业规划，争取其对公司的认可，再次进行挽留，听取其对公司管理、发展的想法和意见，体现关心员工、尊重员工的企业责任。**第四步**，对仍需离职的人员，履行相关决策程序后，合法合规办理解除手续，杜绝后续劳动纠纷。近三年来，公司通过实施"四步法"成功挽留 3 名优秀人才。

53 发生劳动争议，应当如何处理？

答：发生劳动争议，用人单位可以与员工协商，也可以请工会或者第三方共同与用人单位协商，达成和解协议。在订立、履行、变更、中止、解除或者终止劳动合同过程中发生劳动争议的，应优先选择协商解决，不愿协商、协商不成或者达成和解协议后不履行的，可以向用人单位劳动争议调解委员会申请调解；不愿调解、调解不成或者达成调解协议后不履行的，员工或用人单位均可依法向劳动合同约定的劳动争议仲裁机构申请仲裁；对仲裁裁决不服的，除《中华人民共和国劳动争议调解仲裁法》另有规定的外，可以向人民法院提起诉讼。

🔵54 员工能否"不辞而别"？

答： 在信用体系建设逐渐完善的情况下，员工"不辞而别"必将对个人征信造成损失，对其未来就业产生不良影响。给企业造成损失的，企业有权对其进行起诉。**一是**员工应严格遵守单位统一规定的工作时间，坚守岗位，按时上下班，不得擅离职守，如因各种原因需离开工作岗位时，应按规定办理请假手续。**二是**员工在劳动合同解除或终止时，不能一走了之，应遵循诚实信用原则，履行相应法律义务，办理劳动合同解除或终止相关手续，做好工作交接。**三是**对于"不辞而别"员工，各单位可根据相关法律法规和公司规章制度，在履行相应程序后，与员工解除劳动合同。员工"不辞而别"或工作交接不清造成企业损失（害）的，企业可依法诉求其赔偿直接经济损失。**四是**公司有权将"不辞而别"员工材料装入个人档案，并可录入个人征信系统。

📋 **案例 75** | 四川攀枝花公司依法解除
失踪员工劳动合同

蒋某，男，四川攀枝花公司综服中心后勤事务服务员，1995 年 12 月参加工作。2015 年 6 月，蒋某请假三天，逾期未返回单位上班，单位多次通过电话、短信等方式联系蒋某本人无回应，又联系其妻及其他亲属，均被告知不知道蒋某消息。单位建议蒋某妻子向公安机关报案，2015 年 7 月，公安机关立案蒋某失踪。根据单位与蒋某签订的劳动合同，单位暂停履行劳动合同约定的一切义务。自蒋某失踪以来，单位积极配合其家人四处打听寻找，始终未有蒋某音讯。2018 年 8 月《国家电网有限公司劳动合同管理办法》印发施行后，单位为蒋某规范办理了劳动合同中止手续，后人民法院宣告蒋某死亡，公司依法解除了蒋某劳动合同。

⑤⑤ 如何规范开展不在岗人员管理?

答：一是明确不在岗人员分类规范方式。目前，各单位不在岗人员主要包括内退、待岗、长病、长学、停薪留职、外借等六类情况。对现有不在岗人员，要全面掌握基础情况，逐人建立管理档案，根据不在岗人员范围和规范要求分类施策。

二是做好违规违纪人员摸底排查。针对部分单位存在的享受在岗薪酬待遇但长期不在岗（如失联、在外从事第二职业等）、"泡病假、小病大养、无病装病"、违反劳动纪律等情况，要通过提高考勤管理的真实性和有效性、各专业信息系统交叉监测查询、现场核查确认等方式，全面排查违规违纪人员情况，扎实掌握事实和证据。

三是规范开展待岗培训和返岗。根据不同等级岗位任职资格要求合理设置培训课程，强调态度、知识、技能全面达标。强化培训过程管控，建立健全培训期间的考勤、课堂纪律、考试等管理机制，实现管理有法可依，考核有据可查，处罚有证可考。做好培训效果评估，对人员培训效果进行客观、有效评估，并按提前明确的返岗标准做好结果应用。

四是强化联动与协同保障机制。注重整体工作设计，多方联动推进，会同法律、外联、后勤、信访等各相关部门、各层级单位，压实管理责任，共同推进不在岗人员规范清理工作。注重人文关怀，疏导员工情绪、解释制度盲点、传播正能量。强化舆情应急管理，预防和化解舆情风险。注重经验总结，形成长效机制，常态化遏制长期不在岗现象发生。

案例 76 | 湖北公司针对拟返岗人员
开展专项培训

　　2019 年 7 月，湖北公司在襄阳等 5 个培训点同时开班，举办为期两个月的长期不在岗拟返岗人员培训班。培训期间，按照"明规则、严纪律、转作风、提素质"要求，对参培学员既有"严管"又有"厚爱"。培训前，精心组织编制培训方案，制定培训纪律条款，组织签订培训承诺书，宣贯培训纪律要求，将规矩"挺在前面"。培训过程中，各培训点采取准军事化管理模式，严格执行考勤纪律、课堂纪律和日常生活纪律扣分规定，对违反"红线纪律"的，直接视同培训不合格；建立双周考核制度，每两周组织一次考试考核，综合考试成绩和纪律扣分，考核不及格的直接认定为培训不合格。培训期间，有 35 人因无法承受严格的培训管理要求，主动向单位申请解除劳动合同。

▲ 湖北公司组织拟返岗人员培训

📋 **案例 77** | 四川巴中公司稳妥处置
129 名停薪留职人员

一是构建停薪留职人员基础信息台账，结合初步沟通情况，一人一策，分类处置。**二是**做好复岗管理，复岗培训前重点做好两项核查（核复岗申请、核身体状况），复岗培训期间集中管理（15 天集中授课 +15 天集中自学），安排上岗实施试岗期和师带徒模式（试岗期 180 天，师带徒 730 天），将复岗培训和试岗期满考核作为两个重要窗口期，对无法适应管理要求的员工及时协商解除劳动合同。**三是**协商解除劳动合同，采取"初步达成意向、签订解除协议、开具终止证明、清理社保、移交个人档案"的程序办理；企业单方解除劳动合同，按照提前 30 日书面通知、登报公告、电话录音和短（微）信平台 4 种方式，送达《限期复岗通知书》并固化证据资料妥善留存，逾期仍未复岗且不愿协商解除的，按照"启动解除程序（单位决定）、征求本单位工会意见、发出解除通知、出具解除劳动合同证明、档案和社保关系转移"流程办理。历时 18 个月，巴中公司平稳完成了清理处置工作，其中复岗 74 人、解除劳动合同 55 人（含企业单方面解除 2 人，复岗后"两个窗口期"期满考核协商解除 9 人，复岗核查身体状况时协商解除 1 人）。

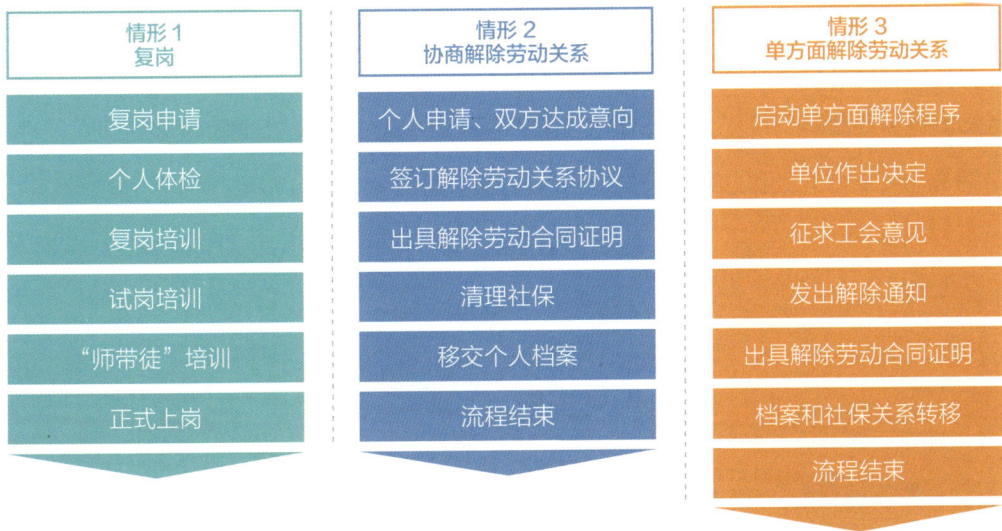

情形 1 复岗	情形 2 协商解除劳动关系	情形 3 单方面解除劳动关系
复岗申请	个人申请、双方达成意向	启动单方面解除程序
个人体检	签订解除劳动关系协议	单位作出决定
复岗培训	出具解除劳动合同证明	征求工会意见
试岗培训	清理社保	发出解除通知
"师带徒"培训	移交个人档案	出具解除劳动合同证明
正式上岗	流程结束	档案和社保关系转移
		流程结束

▲ 不在岗人员规范清理流程

⑤ 各单位在开展隐性不在岗人员规范清理方面有哪些好的做法？

答： 开展不在岗人员清理是公司深化三项制度改革、推进解决人员"能出"问题、积极压降人耗的重要举措，有利于防范经营和法律风险，促进队伍和谐稳定，对公司持续健康发展具有重要意义。部分单位运用大数据，建立联合监管机制，对专业系统长期无记录的隐性不在岗人员进行清理规范；部分单位上线无感识别考勤系统，精准识别隐性不在岗人员，效果明显。

> **案例 78** | **重庆公司运用"大数据"精准治理劳动纪律**

一是通过生产 PMS、营销 SG186、采集等系统，以及两票记录和业务流程数据、薪酬绩效考核数据，对长期未登录或业务流程数据明显偏少、连续两年绩效等级为 C 级及以下、绩效工资明显偏低的人员，作为重点怀疑对象。**二是**联合各部门现场突袭，结合与班组人员交流，检查班组工作日志、绩效考核数据等方式，确认违纪线索，坐实"隐性不在岗"人员。**三是**通过会议通报，形成震慑，各单位全面开展隐形不在岗人员清理工作。2018—2019 年，该公司下发劳动纪律核查清单 748 份，警告及以上惩处 133 人。依法合规解除劳动合同 100 人，其中有 34 人因严格勤假管理被倒逼主动解除劳动合同。同时，对考勤制度执行不到位的各级绩效经理人进行考核问责。

> **案例 79** | **湖南衡阳公司建立联合监管机制，促进不在岗人员长期规范**

一是通过微信工作群、专题会议、返岗通知书等方式广泛宣传清理工作政策，实行自报与举报相结合，多途径向公司系统公开清理信息。**二是**完善请假流程，超过三个月以上请假手续必须经市公司负责人审批，长期病假必须出具三甲医院诊断证明，一律在所在单位进行公示，接受职工的监督和检举。**三是**与医院、司法部门建立常态联合监管机制，定期核实人员病情、犯罪判刑等情况。特别是对因病休假三个月以上人员由专人陪同至指定三甲医院复核。**四是**强化返岗人员培训，结合员工实际情况和个人返岗需求，建立差异化培训计划，通过专人帮扶、专项培训等方式，确保其工作能力适应岗位需求。同时建立全覆盖的人脸识别或指纹识别考勤系统，定期抽查各单位考勤情况，及时处理发现的不在岗人员。

案例 80　湖北公司开发无感识别考勤系统，精准识别长期不在岗人员

2019 年，湖北公司开发、应用无感识别考勤系统，通过无感识别摄像头，采集员工行为数据，与 ERP 集中部署系统集成，分析员工考勤数据，形成员工考勤结果，以技术手段规范考勤管理，精准识别人员长期不在岗、违规流动等行为。目前已在黄石公司、随州公司完成试运行并转入正式运行，襄阳公司等 7 家单位联网调试，两家单位试运行期间，共发现、处理长期隐性不在岗人员 60 人，对不遵守考勤纪律人员形成极大震慑。

▲ 湖北公司开发应用无感识别考勤系统

⑤⑦ 劳动合同终止或解除过程中及其后，劳动者应履行哪些义务？

答：**一是**劳动者应当按照双方约定，办理工作交接，做好公司财产物品的返还、资料的移交等。**二是**劳动者应当按照《劳动合同法》及公司人事档案、社会保险等相关规定，配合用人单位办理档案和社会保险关系等转移手续。**三是**违反竞业限制约定的，应按协议约定向用人单位支付违约金。给用人单位造成损失的，还应承担赔偿责任并根据损失情况支付赔偿金。支付违约金后，用人单位可要求其按照约定继续履行竞业限制义务。**四是**劳动者与用工单位订立保密协议书的，保密协议书不因劳动关系解除而受到任何影响，劳动者应在劳动合同解除或终止后，继续承担保密义务。**五是**员工与用人单位订立专项培训协议书的，员工违反或提前解除协议，应按照约定支付违约金。在约定服务期内，因员工过错，用人单位依法解除或者终止劳动合同的，员工应按照约定支付违约金。**六是**员工签订特别权利义务协议书后，违反诚实信用原则提前解除劳动合同的，应承担赔偿责任并支付赔偿金。用人单位应将员工诚信失约的有关材料存入员工个人档案，具备条件的可录入个人征信系统。

⑤⑧ 劳动合同终止或解除过程中及其后，用人单位应履行哪些义务？

答：**一是**用人单位应在解除或终止劳动合同时出具解除或终止劳动合同的证明，并在十五日内为劳动者办理档案和社会保险关系转移手续。**二是**用人单位应在解除或终止劳动合同时一次付清劳动者工资。**三是**用人单位依法应向劳动者支付经济补偿的，应当在劳动者按照约定与用人单位办结工作交接时支付；用人单位违法解除或者终止劳动合同，劳动者不要求继续履行劳动合同或者劳动合同无法履行的，用人单位应当向劳动者支付赔偿金。**四是**经工伤职工本人提出，该职工可以与用人单位解除或者终止劳动关系，由工伤保险基金支付一次性工伤医疗补助金，由用人单位支付一次性伤残就业补助金。**五是**劳动者患病或者非因工负伤，经劳动鉴定委员会确认不能从事原工作，也不能从事用人单位另行安排的工作而解除劳动合同的，用人单位除按照其在本单位的工作年限发放经济补偿金，同时还应当发放医疗补助金，患重病者和绝症的劳动者还应增加医疗补助费。**六是**对负有保密义务的劳动者，用人单位可以在劳动合同或者保密协议中与劳动者约定竞业限制条款，并约定在解除或者终止劳动合同后，在竞业限制期限内按月给予劳动者经济补偿。**七是**劳动者符合退休条件终止劳动合同的，用人单位应当为其办理退休手续。**八是**用人单位对已经解除或者终止的劳动合同的文本，至少保存三年备查，其中对退出公司系统单位涉及解除或者终止劳动合同的文本，以及员工辞职申请书等相关材料应永久保存。

59 什么是竞业限制？

答：竞业限制是指在解除或者终止劳动合同后，劳动者不可到与本单位生产或者经营同类产品、从事同类业务的有竞争关系的其他用人单位，或者自己开业生产或者经营同类产品、从事同类业务。竞业限制的人员限于用人单位的高级管理人员、高级技术人员和其他负有保密义务的人员。竞业限制的范围、地域、期限由用人单位与劳动者约定，竞业限制的约定不得违反法律、法规的规定。竞业限制期限，不得超过两年。

根据《劳动合同法》，对负有保密义务的劳动者，用人单位可以在劳动合同或者保密协议中与劳动者约定竞业限制条款，并约定在解除或者终止劳动合同后，在竞业限制期限内按月给予劳动者经济补偿。劳动者违反竞业限制约定的，应当按照约定向用人单位支付违约金。

📋 案例 81 | **南瑞集团成功实施首例针对离职员工竞业限制违约事件的维权**

南瑞集团某下属单位经过集体决策后，对提出离职的核心研发人员张某实施为期 18 个月的竞业限制，按月支付竞业限制补偿金。期间，主动跟踪该离职员工去向，通过查询社保关系等方式，确定其就职于与该公司存在竞争关系的企业，随即启动全面调查程序，咨询法律顾问及劳动仲裁机构，第一时间掌握其违反竞业限制约定的证据材料。主动与该离职员工沟通，指出其违反竞业限制行为及应承担法律后果，提出协商解决、劳动仲裁等一揽子解决方案，最终该离职员工退还全部补偿金并支付经济赔偿，集团合法权益得到有效维护。

60 签订竞业限制协议的员工离职后，用人单位是否应支付经济补偿？

答：根据竞业限制岗位范围或名录及员工相关工作情况确定竞业限制是否施行。用人单位与订立竞业限制协议的员工解除或者终止劳动合同时，需进行竞业限制再评估，经履行决策程序，向员工送达竞业限制通知书的，竞业限制协议生效，按月支付经济补偿。用人单位未发出竞业限制通知书的，竞业限制协议自始无效，无需支付经济补偿。

61 解除或终止劳动合同时，员工是否都有经济补偿？

答：有下列情形之一的，用人单位应当向劳动者支付经济补偿。**一是**劳动者依照《劳动合同法》第三十八条规定解除劳动合同的。**二是**用人单位依照《劳动合同法》第三十六条规定向劳动者提出解除劳动合同并与劳动者协商一致解除劳动合同的。**三是**用人单位依照《劳动合同法》第四十条规定解除劳动合同的。**四是**用人单位依照《劳动合同法》第四十一条第一款规定解除劳动合同的。**五是**除用人单位维持或者提高劳动合同约定条件续订劳动合同，劳动者不同意续订的情形外，依照《劳动合同法》第四十四条第一项规定终止固定期限劳动合同的。**六是**依照《劳动合同法》第四十四条第四项、第五项规定终止劳动合同的。**七是**对负有保密义务的劳动者，用人单位可以在劳动合同或者保密协议中与劳动者约定竞业限制条款，并约定在解除或者终止劳动合同后，在竞业限制期限内按月给予劳动者经济补偿。**八是**法律、行政法规规定的其他情形。

其他解除或终止劳动合同的情形，用人单位无需向劳动者支付经济补偿。

62 什么情况下，员工应当支付违约金或赔偿金？

答：一是员工与用人单位订立专项培训协议书的，员工违反或提前解除协议，应按照约定支付违约金。在约定服务期内，因员工过错，用人单位依法解除或者终止劳动合同的，员工应按照约定支付违约金。**二是**员工签订特别权利义务协议书后，违反诚实信用原则提前解除劳动合同的，应承担赔偿责任并支付赔偿金。**三是**员工违反竞业限制约定的，应按协议约定向用人单位支付违约金。给用人单位造成损失的，还应承担赔偿责任并根据损失情况支付赔偿金。支付违约金后，用人单位可要求其按照约定继续履行竞业限制义务。

63 除解除劳动合同外，公司对于违规违纪员工还有哪些惩处方式？

答：公司对违规违纪员工的惩处主要包括纪律处分、经济处罚和组织处理三种方式，三种惩处方式可单独运用，也可同时运用。其中，纪律处分包括警告、记过、记大过、降级（降职）、撤职、留用察看、解除劳动合同。经济处罚指扣减薪金或赔偿经济损失。组织处理包括通报批评、调整岗位、待岗、诫勉谈话、停职（检查）、责令辞职等。

64 如何加强退二线人员管理？

答：（1）科学制定退二线人员的任职年龄标准。公司在总部"放管服"事项清单中，已将处级及以下干部退二线年龄予以适当放宽，其中科级及以下干部退二线政策由各单位根据工作实际自行制定，公司将修订内部人力资源市场制度，进一步细化明确相关内容。

（2）促进退二线人员充分履职。各单位要组织退二线人员围绕企业改革、发展、稳定的重要问题，参与讨论、开展调研，结合退二线人员专业特长为其安排饱满的工作任务，从事管理咨询、课题研究、兼职培训、技术评审、现场安全指导、大客户经理、监察巡视等工作，鼓励其运用领导和管理经验，充分发挥专业优势。严禁退二线人员在外兼职和经商办企业。

（3）加强对退二线人员的考勤和考核。退二线人员全部按在岗人员进行考勤；考核内容主要涉及思想政治表现、工作作风、履行岗位职责、发挥作用情况，遵纪守法、廉洁自律情况等；退二线人员薪酬根据绩效考核结果和实际贡献进行发放。

案例 82 | 江西九江公司建立因人施任的退二线人员督导机制

　　一是成立组织机构，明确人员职责。定期开展调查研究、协管业务工作、参加检查督导、协助人才开发培养，重点在挖掘经营潜力、强化精准投资等工作上取得突出实效。**二是**实行分层分类分组管理。退二线人员结合工作履历、自身专业特长，加入安全生产、优质服务、工程建设、党建管理、市县一体管理和集体企业规范管理六个督导工作组，以组为单位协同专业部门开展调研、检查督导等日常工作。**三是**严肃组织纪律和劳动纪律。实行分组集中办公，督导组人员编入相关支部，各组参考对口专业职能部门业绩进行绩效考核。

（三）"能增能减"

65 什么是收入"能增能减"？

答：收入"能增能减"主要包括企业工资总额、员工薪酬等方面的能增能减。

企业工资总额"能增能减"是指通过建立与企业经营效益、劳动效率挂钩的工资总额分配模型，实现工资总额向"业绩好、效率高"的单位倾斜，实现"业绩升、工资升，业绩降、工资降"。

员工薪酬"能增能减"是指通过建立与员工岗位价值、绩效贡献、能力素质紧密联动的薪酬激励机制，合理拉开同层级不同绩效和能力员工的薪酬差距，做到岗变薪变，该高的高、该低的低，充分激发员工队伍动力活力。

66 "能增能减"的关键是什么？

答：**一是科学核定工资总额**。以企业效益为中心，深入贯彻"增人不增资、减人不减资"的理念，对"用人少、业绩好"的单位，进一步倾斜工资总额；对未能有效保值增值、业绩较差的单位，工资总额不增长或适度下降。各单位应研究将工资总额逐级科学分配的方式方法，进一步优化薪酬分配结构。

二是建立员工薪酬动态调整机制。建立以岗位价值为基础、以贡献为核心的薪酬分配机制，对员工的工作给予正确的回报，确保员工劳有所获，充分体现"工资是挣出来的"。树立"业绩升、薪酬升，业绩降、薪酬降"的导向，促进分配更多向业绩好、能力强的骨干员工、核心人才倾斜，合理拉开薪酬差距，让不努力的员工体会到"干与不干不一样、干好干差不一样"，进一步发挥薪酬的激励作用。

三是加强绩效管理。建立科学合理的绩效考核体系，规范开展业绩考核，确保绩效管理制度公正、过程公开、结果公平，为薪酬增减提供依据。

案例83 | 积极探索供电所"包干制"

浙江湖州公司实施全能型供电所"一定二挂"工资总额包干机制。供电所包干工资总额以定员测算为基础、与效益效率及绩效考核结果挂钩。将供服公司工资总额除基本工资和津贴外，全部纳入供电所"工资包"。"工资包"的核定基于供电所定员标准、所辖管范围内公变台数、用户数、低压线路长度等规模数据及绩效考核结果，实行减人不减资。

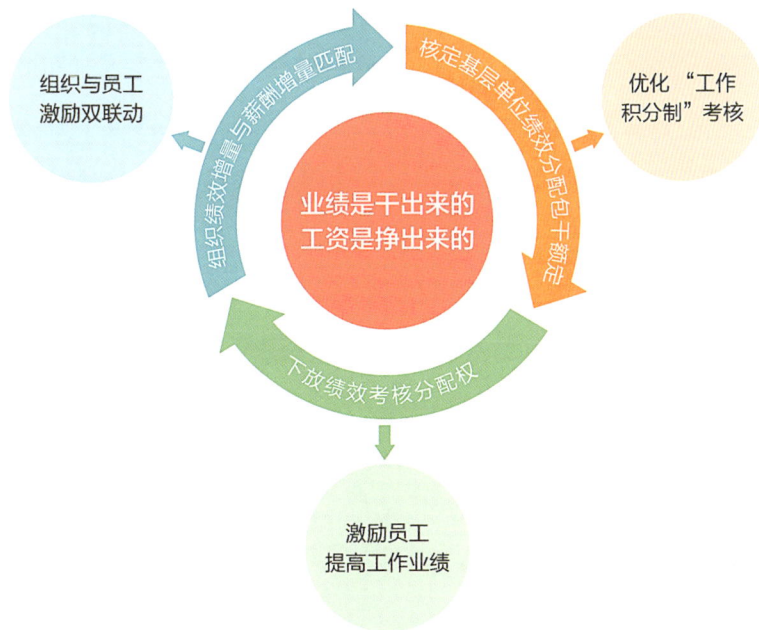

▲ 浙江湖州公司全能型供电所"一定二挂"工资总额包干制

湖北钟祥公司推行供电所内二次分配。供电所根据全年发放计划，自行设置考核基数，并根据岗位绩效工资制度，自行测算岗位薪点工资、绩效工资和辅助工资单元总额，报公司备案后实施，充分下放绩效考核权和绩效工资分配权。

案例 84 | 探索创新团队工资分配模型

安徽滁州公司构建"三融四合"激励模型。新设半年度专项奖，将"用工、绩效、薪酬"深度融合，从"人员配置系数、劳务外包修正系数、组织绩效系数、人员软流动系数"四个维度构建分配模型，"用工少、外包低、绩效高、流动优"分得"蛋糕"大。下放分配权限，各单位绩效经理人依据员工绩效对"蛋糕"进行"再分配"。

江苏镇江公司推行综合配置率嘉奖制度。综合考虑实际用工配置率和员工能力素质指数，动态计算各部门和公司整体的综合配置率。其中，实际用工配置率去除业务外包、人员软流动等因素影响；员工能力素质指数考虑年龄、学历、职称、技能等级等显性因素，并辅以能力水平测试、综合表现测评。各部门综合配置率和公司整体综合配置率差值小于 0 时，以差值的绝对值作为嘉奖系数，核增部门月度奖励，嘉奖系数上限为20%。配置率嘉奖由公司核定总额，部门根据员工绩效表现实施二次分配。

浙江湖州公司实施单位（部门）包干工资总额管理。根据各单位（部门）人员配置与组织绩效考核结果等因素，核定绩效奖金包干总额。结合整体超缺员情况与各单位（部门）缺员情况核定缺员补助。结合各单位（部门）历史基数与工作实际情况核定岗位津贴包干总额。包干工资总额年内实行"当年增人次年增资，当年减人不减资"，一经确定，原则上不予调整。

🜄 推进收入"能增能减"存在哪些误区？

答： 收入"能增能减"既是三项制度改革的重中之重，也是员工关注的焦点，涉及每位员工的切身利益，关注度高，影响力大，是近年来所有改革工作中涉及人员最多、力度最深的一次深刻变化。各级员工和管理者要正确认识和实施收入"能增能减"，纠正不合时宜的"误区"，确保改革顺利推进。

一是转变"收入只增不减"的误区。 长期以来，公司绝大多数员工都分享到了公司发展成长带来的收入增长红利，这也让很多人渐渐养成一种"收入只增不减"的惯性思维。国务院 2018 年 5 月发布的《关于改革国有企业工资决定机制的意见》指出，要健全国有企业职工工资与经济效益同向联动、能增能减的机制，在经济效益增长和劳动生产率提高的同时实现劳动报酬同步提高。收入"能增能减"不是动了员工的既得"蛋糕"，而是建立一种机制更合理地分好"蛋糕"，让不愿意干事的人想干事、愿意干事的人干成事。

二是转变"收入增加靠领导"的误区。 在各部门、车间、班组分配绩效工资的实践中，往往注重团队成员共享共担团队绩效结果，忽视员工个人业绩贡献，进而没有将组织绩效贯穿到员工个人绩效中，将组织绩效的奖励考核兑现都平均分摊到员工个人，久而久之让员工产生了"收入增加靠领导，与个人无关"的错觉。在管理实践中，任何团队负责人都清楚团队成员的贡献程度，但由于未能找到有效方法，忽视了对价值贡献大的团队成员的分配，客观上形成了养闲安庸，打击了超额贡献者的积极性，造成团队缺乏活力。

三是管理者认识和执行上的"两个误区"。 部分单位在落实收入"能增能减"时只注重拉开差距，忽略了正确的分配导向。如：将收入拉差简单地作为管理要求和考核指标下达给下级（部门、车间、班组）管理人员，但对其如何落实没给予足够的指导和监督，致使部分管理人员采用了一些简单、粗暴的方式拉开员工收入差距，引起部分员工的反感，对改革产生抵触情绪。

❻❽ "能增能减"的重点任务有哪些？

答：（1）**完善单位工资总额管理机制。**坚持效益导向，工资总额与单位经营效益、劳动效率紧密挂钩，实行"增人不增资、减人不减资"，引导用工总量较大的单位主动减员增效，提升员工收入水平。

（2）**加大组织考核分配挂钩力度。**围绕公司发展战略，优化绩效考核办法，科学设定不同单位、专业的绩效指标，规范开展组织绩效管理，不断加大组织考核结果与组织绩效工资额度挂钩力度，在组织层面有效体现"业绩升、薪酬升，业绩降、薪酬降"的明确导向，有利于任务与压力的层层分解传递，实现员工与组织利益共享、风险共担，使员工收入与团队绩效和个人业绩"双挂钩"，从而促进各类组织、员工绩效的双提升。

（3）**推进全员绩效管理。**充分授予绩效经理人绩效考核评价权、绩效工资分配权和员工发展建议权，灵活运用工作积分制、目标任务制等多种量化考核方法，科学开展员工业绩考核，加大考核结果与薪酬分配挂钩力度。坚持多劳多得，加大薪酬分配向业绩优秀的一线岗位、艰苦边远地区员工的倾斜力度，适当拉开与同岗级人员的收入差距。

（4）**探索中长期激励。**探索实施科技型企业项目分红和岗位分红薪酬激励机制，束牢核心关键人才与企业之间的纽带，实现员工与企业共同发展。

❻❾　单位的工资总额如何增加？

答：各级单位的工资总额都由上级单位核定，鉴于各级单位的工资分配模型存在差异，在此主要回答省级单位工资总额挂钩因素，对于地市级、县级单位的工资总额请参考本省、地市级单位的工资总额管理办法。

省级单位分为五类：输配供电类、支撑服务类、运营保障类、市场化金融类、市场化产业类。五类单位工资总额模型存在一定差异，其工资总额增幅的影响因素也不尽相同，见下表。

省级单位分类	共同影响因素	不同影响因素
输配供电类	国资委核定的国家电网公司工资总额增幅、本单位企业负责人业绩考核结果、本省CPI涨幅、本省社会平均工资、专项奖励（重大保电、表彰奖励等）	利润和营业收入的增幅、本省CPI涨幅、本省社会平均工资、资产规模、劳动生产率、人均利润
支撑服务类		人员变化情况、本省CPI涨幅、本省社会平均工资、利润和营业收入增幅
运营保障类		人员变化情况、本省CPI涨幅、本省社会平均工资
市场化金融类		公司指派业务服务质量、市场竞争业务的利润和营业收入的增幅、业绩行业对标情况
市场化产业类		利润和营业收入的增幅、人工成本效率行业对标情况

现以输配供电类单位为例，简要介绍影响工资总额增幅的主要因素。

一是国资委核定的国家电网公司工资总额增幅。根据国资委《中央企业工资总额管理办法》（国务院国有资产监督管理委员会令第39号），国资委核定公司的工资总额主要因素包括：利润总额增幅、企业负责人考核指标目标值的档位、全员劳动生产率、人工成本利润率。在预算范围不发生变化的情况下，原则上增人不增工资总额、减人不减工资总额。

二是企业经营效益、劳动效率、重大贡献等因素。根据《国家电网有限公司工资总额管理办法》（国家电网人资〔2018〕1069号），公司各单位工资总额由基础工资、增量工资、专项工资三部分构成。其与企业经营效益、业绩考核、劳动效率紧密挂钩，统筹考虑社会责任、地域差异、历史水平等因素，切实做到既有激励又有约束、既讲效率又讲公平，实现工资总额能增能减。

其中，**基础工资**坚持"增人不增资、减人不减资"，引导用工总量较大的单位主动减员增效，提升员工收入水平。**增量工资**包括基本增资（与 CPI 涨幅、地区社会平均工资相关）、效益增资（与利润总额、营业收入等挂钩，单位经营效益越好，增幅越高）和业绩考核兑现工资（业绩考核兑现工资 = 基础工资 × 业绩考核系数，业绩好的单位，业绩考核系数高，业绩考核兑现工资高）。**专项工资**包括社会贡献奖励（例如重大保电活动、抢险救灾保电等）和专项奖励（例如专家人才津贴、重大研发专项工资等）。

综上，公司各单位可通过主动减员增效、提高自身业绩、加大社会贡献等方式增加工资总额。

案例 85 | 重庆公司建立全口径成本管控机制倒逼减人增效

一是以核定定员为基础，将各单位业务外包费按照重庆市各区县就业人员工资水平以及历史实际发生费用水平折算用工人数，还原全口径用工情况，测算全口径用工配置率。其中全口径定员 = 公司核定定员 + 物业后勤定员，外包费用 = 各专业业务外包中的人工成本费用。**二是**定期发布定员平均配置率，依据平均配置率判断基层单位超缺员情况并发布，发布结果与各单位用工管控、学生分配、工资、劳务费等核心资源全方位挂钩。**三是**在人工成本核定方面，对低于公司平均配置率的单位进行组织绩效奖励，高于公司平均配置率单位且有调增劳务费需求的，核减工资总额，督导各单位向用工效率标杆看齐，进一步集约挖潜、减人增效。

案例 86 | 江西公司重构能增能减的
工资总额核定机制

　　江西公司突出业绩导向，让"业绩好、总额高，业绩差、总额低"成为工资总额核定新常态，"业绩靠干、工资靠挣"理念深入人心。**一是**重构工资总额分配格局。摒弃各单位历史工资水平，统一各单位人均工资基数；结合人员结构和用工配置，科学构建直属单位与地市公司工资总额核定联动机制，实现了工资总额核定一盘棋。**二是**基础工资分配突出公平公正。以上年度工资总额的 50% 作为基础工资，各单位按照统一人均基数核定，地市、县公司人均水平完全相同。**三是**加大与业绩贡献的挂钩力度。以上年度工资总额的 40% 作为业绩工资，与企业履行安全、社会和经营责任紧密挂钩，与人身事故、概念收益、客户投诉等主要指标大幅关联，将过去"分蛋糕"的传统模式调整为"争蛋糕"的竞争模式，促进各单位争创业绩、竞相比拼。2019 年地市公司业绩工资人均最大差距达 3.18 万元，是 2018 年的 2.29 倍；其中：业绩最好的比全省人均高 2.35 万元，最差的比全省人均低 0.83 万元，真正实现了绩优者厚得收入，彻底打破工资只增不减的惯性。

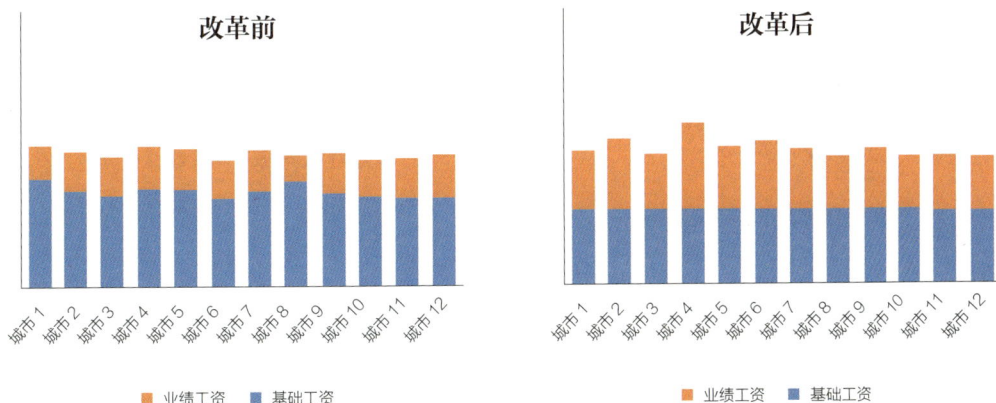

▲ 江西公司实施工资总额核定机制前后工资对比情况

案例 87 | 浙江嘉兴公司创新省管产业
单位工资分配机制

　　一是将各企业按照业务类型划分序列，结合各企业营业收入、利润、人均毛益贡献率等经营业绩分类考核，横向比较同类型企业规模效应，纵向比对企业自身业绩增长情况，不同企业工资总额增幅差距由原先的 4.2% 提高至 10%。**二是**构建符合企业发展需要与自身特点的市场化二次分配体系。通过实施项目部包干、工程量折算工时、设计工日、个人产量等考核分配制度，将薪酬分配向多劳、优劳的骨干力量倾斜，实现企业营业收入增长 16.14%，利润增长 15.75%，进一步促进企业提质增效。

分类考核，扩大差距

人均毛益贡献率

利润

营业收入

市场化分配，提质增效

工程量折算工时

项目部包干

个人产量考核

设计工日

10%

4.2%

不同企业工资总额增幅差距

营业收入增长　　16.14%

利润增长　　　　15.75%

▲ 浙江嘉兴公司省管产业单位工资分配机制

⓻⓪ 什么是岗位绩效工资制度?

答:公司员工薪酬发放依据岗位绩效工资制度。岗位绩效工资制度以员工所在工作岗位为基础,根据岗位价值、绩效贡献和能力素质等要素确定其薪酬,由岗位薪点工资、绩效工资和辅助工资三个工资单元组成。**岗位薪点工资**主要体现岗位价值、职工绩效和能力积累贡献,设置 30 个岗级、65 个薪级(1 薪级 500 点、65 薪级 9000 点,按等比关系排列),岗位薪点工资根据岗位薪点数和薪点点值确定;**绩效工资**主要体现职工实际工作业绩贡献,包括绩效考核兑现和专项奖;**辅助工资**包括年功工资、加班工资、表彰奖励、五项福利性补贴、人才津贴和其他津补贴。

按单位分类设定工资单元占比,非市场化单位岗位薪点工资占比 30%～40%,绩效工资占比 50% 左右;市场化单位岗位薪点工资占比 10%～20%,绩效工资占比 70% 左右;各单位辅助工资占比一般不超过 15%。

⓻⓵ 如何逐级划小核算单元,推进"承包制"?

答:划小核算单元,推进"承包制"是倒逼用工配置优化和绩效拉差做实的有效手段。划小核算单元应综合考虑历史成本、设备量、工作量、配置率等因素,适当进行动态调整和优化。推进"承包制"过程中,应充分给予绩效经理人考核分配权和员工发展建议权,配套"增人不增资,减人不减资"的制度。

案例88 ｜ 探索推进"承包制"

天津城南公司推行片区网格承包责任制。**一是**差异化设置网格指标任务，在营配高低压业务深度融合的基础上，根据区域内变电站、10千伏线路、低压用户分布，将小站供电服务中心划分为5个网格，综合考虑区域情况、管理水平、设备状态、指标难易度等因素确定指标任务，公开发布。**二是**设置不同的承包奖励，承包奖励由线损、采集、营业外收入、配电设备运维、电网工程等9大项构成，依据管理情况和设备工作量等确定奖励基数，依据承包指标完成度确定奖励增量。**三是**以"公开竞标、团队考核"的方式，择优选拔网格组组长，任期一年，网格组组长与组员实现双向选择。承包指标完成后，由组长将承包奖励根据组员工作表现进行二次分配，高低收入倍比达3.2；若承包指标未完成，则无法取得承包奖励，只能拿到最低工资2050元，实现指标、责任、奖励"包产到组"，员工活力和工作质效显著提升，低压线损率同比下降33.0%，台区线损合格率同比上升11.6%。

江苏泰州公司实施业务所台区管理权竞拍新举措。制定"三量三价"台区管理权竞拍实施细则，明确各业务所"三量"（增量、余量、存量）台区范围，将业务"三量"台区划分成多个标段，形成竞拍标的物。结合台区服务半径、设备运维状况、在线缴费比例、投诉风险等因素，按照"三价"（询价、定价、竞价）流程，在公平、公正的基础上，组织台区经理参与拍卖，出价低者获得台区管理权。开展台区管理权竞拍后，竞得者年收入最高增加8000元，部分台区管理水平薄弱人员年收入减少约4000元，有效促进薪酬"能增能减"。同时，台区指标管理水平明显提升，试点地区线损合格率上升5%，电子化缴费率提高6%，投诉情况减少80%。

▲ 业务所"三量三价"台区管理权竞拍

72 普通员工如何通过自己的努力提高薪酬待遇?

答：（1）**争取更高的个人绩效**。员工薪酬待遇与绩效结果挂钩，同岗位绩效考核为 A 级的员工绩效工资收入高于一般员工。员工绩效等级积分也与薪级调整挂钩，影响岗位薪点工资。同时，组织绩效越高的团队，其成员平均薪酬也更高。

（2）**竞聘或被单位选聘至更高的岗位**。员工在岗位（职务）、职员职级、专家人才等发展通道上不断提升，相应的岗位岗级（职级）同步提升，薪酬待遇也会增加。

（3）**通过积分升薪提升岗位薪级（薪点）**。年度绩效、资质等级（包括学历、技能等级、专业资格等）、专业成果（包括发明专利、科技创新、管理创新、成果推广应用、群众性经济技术创新、质量管理创新等）、员工流动〔包括异地人才帮扶、劳务协作、挂职（岗）锻炼、人员借用、人才扶贫等〕等均可累积积分。

（4）**争取提升辅助工资**。辅助工资包括表彰奖励、人才津贴、政策性补贴（包括派援艰苦边远地区生活补助费等）、生活补贴（包括边疆补贴、城市补贴、山区海岛补贴、远郊生活补贴、边远补贴等地域性补贴等）、工作津贴（包含高空、户外作业等特殊岗位津贴，以及师带徒津贴、兼职培训师津贴、中晚班津贴、值班津贴等）等。同时，员工的工龄越大，辅助工资中的年功工资也越多。

案例 89　新疆送变电公司建立一线人员差异化薪
酬分配体系，加大一线人员工效挂钩力度

一是分类设置考核评价体系。针对项目施工、运维检修特点，分别采用"项目考核"评价体系及"工时积分制"考核体系。"项目考核"按月度考评、项目结算综合考评两种方式进行，将施工进度、施工质量、施工管理、安全质量纳入考核指标体系。"工时积分制"由全员参与，精准分解量化各项工作，将员工的工作数量和工作质量结合起来，清晰、直接反映班组员工的工作量。二是优化薪酬分配机制。匹配各类人员考核方式，提升绩效考核结果应用率，针对国内外薪酬发放差异及各专业考核体系特点建立了以境内施工"月度绩效 + 项目结余"、境外施工"月度绩效 + 境外补助 + 项目结余"、运维"工时积分绩效 + 履职考核奖"为主的差异化薪酬分配体系。自 2014 年开始全面实行项目施工管理、落实项目经理责任制至今，累计发放结余奖励 756 万元至施工项目部，工资总额增量主要用于调试、机具、检修等一线班组，极大调动了一线员工的工作积极性。

73 是不是员工岗级越高工资越高？

答：不一定。同样薪点的情况下，岗级越高，岗位薪点工资越高，但绩效工资与辅助工资并不一定越高。

员工的工资主要由岗位薪点工资、绩效工资及辅助工资构成，其中绩效工资占比不低于 50%，绩效工资才是影响工资的主要因素。

一方面，组织绩效越高的团队工资总额越大，员工工资水平也会更高。如江苏公司本部将部门整体绩效与工资总额、员工个人绩效工资挂钩，2019年绩效 A 级部门中的 15 岗员工，工资收入高于绩效 C 级部门中的 16 岗同薪级员工。

另一方面，在组织内部，绩效工资向绩效好、贡献大、能力强的员工倾斜，不论是采用"目标任务制"或"工作积分制"考核模式，岗级低、绩效好的员工工资均可能超过岗级高、绩效差的员工。

同时，岗位薪点工资由薪级直接决定，薪级的区间与岗级相关，每个岗级对应多个薪级区间，相邻岗级的薪级区间存在交叉，低岗级人员的薪级可能比高岗级人员高。

🅐 职员职级的薪酬待遇如何确定？

答：职员薪酬待遇总体水平与职级对应。原则上，一级职员参照副总师标准，二级职员介于正处级和副处级之间，三级职员介于副处级和正科级之间，四级职员介于正科级和副科级之间，五级及以下职员依次合理确定标准。

🅑 对专家人才的薪酬激励包括哪些？

答：公司加大对专家人才的激励力度，为专家人才单独建立人才津贴，津贴标准按照专家人才所在岗位薪酬水平与本单位相应职员薪酬水平确定，其中公司级专家人才津贴额度在本单位年度工资总额计划中单列管理。

㊆ 什么是中长期激励机制?

答：中长期激励机制是指将企业经营目标与员工的长期个人利益相关联，鼓励员工更多地关注企业的长期效益，做出有利于企业长期发展的战略安排，而不仅仅将注意力集中在短期业绩指标上，避免短期化行为。目前，公司已经实施的中长期激励措施包括：科技型企业岗位分红和项目收益分红、上市公司限制性股票激励、虚拟股权和分红激励，下一步将进一步总结试点经验，扩大实施范围。

案例 90 | **南瑞集团实施上市公司（国电南瑞）股权
激励，探索建立企业与员工利益共同体**

聚焦所属单位经营班子成员以及研发、工程、营销等核心人才，根据绩效表现、业绩贡献、岗位职级等条件进行遴选，优先向具有重大成果、重要荣誉、重要资质的人才倾斜，对 990 名核心骨干实施首期股权激励计划。实施股权激励计划后，激励对象积极参与股票认购，主动将自身利益与企业利益紧密绑定，未纳入本次激励的员工也热切盼望纳入下期激励计划，充分激发创新创效动能和员工干事热情。

案例 91 | **积极探索岗位分红激励机制**

全球能源互联网研究院以成果转化为导向，积极开展中长期激励机制建设。依据《国有科技型企业股权和分红激励暂行办法》，研究建立了包括岗位分红、项目收益分红、股权激励等方式在内的中长期人才激励机制，确定了"分步走"建设规划。成立知识产权运营中心，建立技术人员职业发展通道，以成果转化价值和科研骨干贡献程度作为主要考核和激励因素，面向成果转化研究、基础研究、知识产权运营三大类人员，完成 2017—2019 年三个年度岗位分红激励兑现，累计参与激励人员 296 人，共兑现岗位分红激励总额 2189.54 万元，极大激发了科研骨干创新创业热情；编制《联研院项目收益分红激励实施细则》，研究提出项目成本、收益核算方法，明确项目储备入库、出库及兑现条件，以及激励对象的选拔、退出规则等，制定《联研院项目收益分红实施方案（2020—2022 年）》。与已入库项目团队签订项目收益分红约定书，提前约定分红条件、激励计提比例等，同时建立科研管理信息系统（PPM），实时记录项目关键里程碑进展情况、项目成果，以及项目人员投入时间等，为员工贡献度评价提供依据。2020 年有 4 个项目个人受到激励，激励对象 27 名，个人最高激励额度 25.67 万元，后续将进一步探索股权激励。

国网冀北电科院根据未来五年技术创新重点任务和攻关方向，以近三年工作业绩为依据，对申报分红激励的岗位进行积分核算与排序，选拔出在科技创新和成果转化中发挥重要作用的核心岗位。对电网调控运行技术、电网运维检修技术、信息通信技术和发电生产技术 4 个专业 24 类岗位实施岗位分红激励，激励人数共计 39 人，占职工平均人数 7.56%。制定以创新贡献积分为基础的激励水平核定流程，采用正态分布五分位法对人员创新贡献积分进行分段评价，设定激励比例系数，实现激励水平与创新贡献直接挂钩，拓展了薪酬分配向技术骨干倾斜的方式方法，进一步渲染了多劳多得的改革氛围。目前方案已获国资委批准，相关工作正在开展。

⑰ 什么是绩效经理人？

答：绩效经理人是实施绩效管理的责任主体，直线经理是员工的绩效经理人，负责与员工确定绩效目标、签订绩效合约、实施绩效评价、进行沟通反馈、制定改进计划等。如各单位企业负责人是各部门负责人的绩效经理人，部门主要负责人和一线班组长是所属员工的绩效经理人，正职是副职的绩效经理人。

78 如何看待绩效管理在三项制度改革中的基础作用?

答:绩效管理是保障企业战略执行、提升效益效率的有力工具,是实现"管理人员能上能下、员工能进能出、收入能增能减"、调动员工工作积极性的基础性工作。

绩效管理结果深度应用于三项制度改革,是实施岗位晋升、员工退出、薪酬发放的重要依据,涉及每位员工的切身利益,绩效结果的公平是顺利推进"能上能下、能进能出、能增能减"的先决条件。

绩效管理不等于绩效考核。当前,部分人员简单地将绩效管理等同于绩效考核,认为绩效管理就是要强制分档,评出 A、B、C、D 级,这种观念不利于绩效管理作用的充分发挥。绩效管理不仅仅是对绩效工作做一个周期的评价,更重要的是,要根据评价情况,进行不断地沟通与反馈,从而达到持续改进与提升组织及个人绩效的目的。绩效管理流程包括绩效计划制定、绩效计划实施、绩效考核评价、绩效反馈和改进提升、考核结果应用五个阶段,绩效考核只是其中的一个环节。各级绩效经理人应通过绩效管理过程的公开、规范,促进绩效结果的公平及员工的认可,从而确保岗位上下、员工退出、薪酬增减有理有据。

79 三项制度改革后,员工收入是否一定会增长?

答:三项制度改革后,员工的收入应该有升有降。三项制度改革还原的是公平正义、价值回报和多劳多得的市场化收入分配机制,对"肯干、会干"的员工,收入会增长,对"少干、不干"的员工,收入会降低。

(80) 各职能部门的组织绩效如何评定？

答：在职能部门的组织绩效评定工作中，量化考评难和横向可比难一直是绩效管理的难点问题。近年来，各级单位已探索实践出一些行之有效的方法，例如“三级三维”考核和自主申报特殊贡献事项考核，部分单位还采用了部门负责人现场述职打分等定性定量相结合的考核方式。各类组织考核内容一般包括关键指标、重点任务、协同评价等，考评标准一般包括量、质、期等，通过与目标比、与自身比、与标杆比等方式设立加减分标准。对于职能部门的组织考核内容权重、考评标准宽严度和考核形式，公司各单位应结合企业实际积极探索创新、动态调整实践，精准衡量职能部门组织绩效。

案例 92 | 江苏公司实施公司本部“MBO+KPI”双向量化考核

围绕公司业绩领先目标，细化关键指标、党建考核、专业考核、安全考核等多个关键结果，通过绝对排名、进退步、连续领先、贡献度等情况设置加分减分，双向量化形成部门 KPI 指标，鼓励承担业绩指标的部门争先进位，督促承担安全指标的部门把守红线，引入公司级重点工作、创新成果、表彰奖励，科学统筹各模块考核力度，让不同的业务部门均有获得正向激励的途径，有效促进部门间考核的横向公平，使得管理机关的绩效管理更加规范、更具操作性。

案例 93 辽宁鞍山公司建立组织绩效“两层三级”对标绩效考核模式

将公司负责的同业对标指标和企业负责人指标进行融合分解，形成对机关部门“对标指标”“重点工作任务指标”“综合评价指标”“红线指标”的四类考核指标体系，“对标指标”侧重对数据的横向比对考核，“重点工作任务指标”侧重对事件类考核，“综合评价指标”侧重对机关部门间的协作考核，“红线指标”侧重对重大违规违纪事件的考核，以客观数据说话，凭业绩论英雄。为了保证考核维度的全覆盖，建立对机关部门的“360评价体系”，通过上级评价、同级评价、下级评价三个维度，对各机关部门无法以数据衡量的工作部署、工作态度、沟通协调等日常工作行为能力开展评价。最终形成以客观考核为主、以主观评价为辅的客观公正的组织绩效考核结果，考核结果与各部门组织绩效奖金挂钩，各部门间最高和最低级人均绩效奖金差距达 20%，真正实现绩效的激励约束作用。

(81) 管理人员如何开展绩效考核？

答：管理人员主要采用“目标任务制”考核，目标任务指标是对上级组织考核指标和重点工作任务的细化分解，以及对员工的管理职能、岗位职责、业务流程的分析提炼。目标任务指标依据重要程度可分为“单位级”“部门级”和“日常工作级”三个级别，一般从量、质、期三个维度设置考核目标和评价标准。各单位可根据实际，健全管理人员考核细则，细化管理人员考评标准，精准评价管理人员贡献，合理拉开考核差距。

82 生产一线人员如何开展绩效考核？

　　答：生产一线人员主要采用"工作积分制"考核，对工作数量和工作质量完成情况进行量化累积计分。考核内容包括工作任务积分和综合评价两部分，采取月度和年度相结合的方式进行考核，月度主要考核工作任务积分，年度考核以年度工作任务积分和综合评价加权计算得分。公司鼓励各单位针对一线人员不同业务特点，量体裁衣，灵活运用各种量化方法，创新丰富考核工具，提高考核精准度。

　　各类班组、团队可组织员工就考核方式、工作量化标准、计分方法、绩效工资兑现规则等进行民主协商讨论，广泛征求意见，确定评价标准，达成共识。

案例 94 ｜ 江苏无锡公司建立任务抢单制考核模式

　　在后勤设备运维、会务接待等一线服务类岗位，开发"云服务"App 抢单平台，通过全面梳理各类日常工作任务的历史统计数据，核定每个工作项目的内容、专业程度、得分依据、工作周期、基本工时等要素，形成班组任务积分库。发生报修后，班组成员通过 App 进行抢单，接单者在规定时间内完成任务并通过验收后，获得相应工时积分。员工的绩效奖金与有效工时（积分）直接关联，其工作积极性明显增强，为争取抢得更多的工单，积极努力缩短检修时间，有些外包项目也争取自己处理，减少了业务外包需求。人均实际工作时间比以往有了很大提高，其中总工时提高 2.2 倍，人均工时提高 1.8 倍。

📋 **案例 95** ｜ 福建公司深化内部模拟市场建设

全面建成二级内部模拟市场体系，内部市场纵向覆盖市、县两级单位，横向贯穿生产部门、职能部门、供电所以及各县公司，分为供电主体、支撑主体、管理主体三类。设立内部模拟考核专项绩效工资总额，采用"季度评价、年度修正、次年清算"的评价与兑现模式，考核结果根据各主体内部模拟利润增长率确定考评系数，最低 0.9，最高 1.2，级差达到 30%。创新开展三级内部模拟市场建设。以供电所为例，按照虚拟核算单元的方式，将内部模拟评价体系嵌入供电所工分库。建立"月度控成本，年度算利润"的内部模拟市场，并充分应用市场价格杠杆机制，采用"量 × 价"的方式显性化内部模拟绩效工资。以"四维度"工分为基础，建成个人工分与绩效挂钩的"工效挂钩"机制，将分解的内部模拟指标及业务在工分库中以增量工分的形式进行体现，并提高标准分值，引导员工从传统"完成任务"到"价值创造"观念的转变与融合。

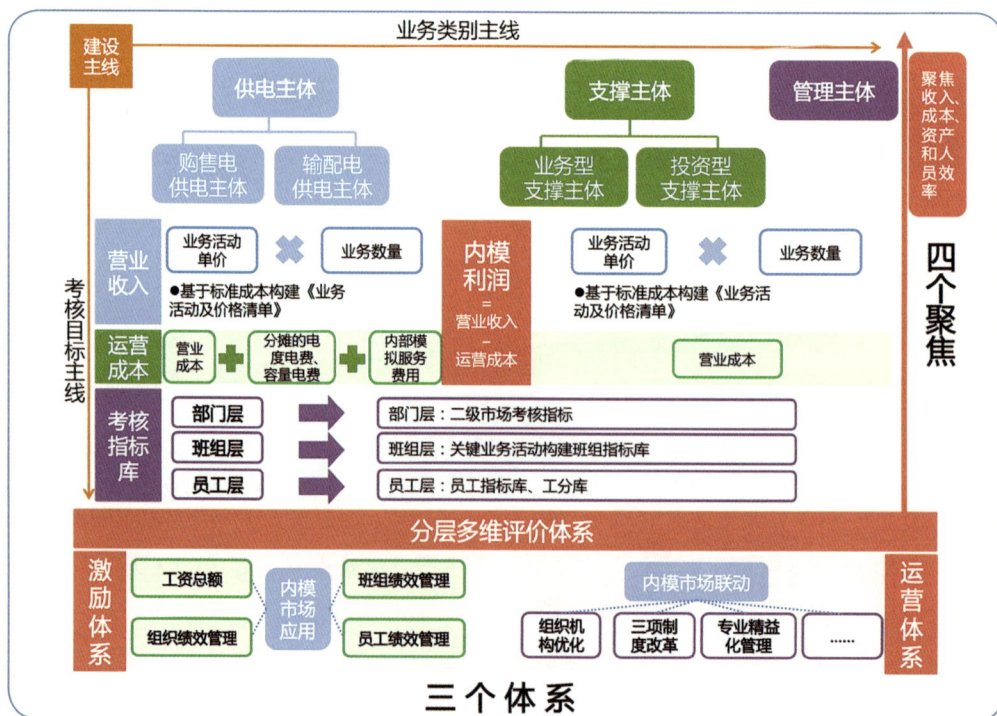

▲ 福建公司内部模拟市场体系

案例 96 | 江西九江公司借力 "At" 分析平台,推行 "1+*N*" 配送 + 点单式精准考核模式

为有效分解公司总体战略目标至部门、班组、岗位,按照 "配送 + 点单" 思路,推行 "1+*N*" 精准考核模式,并借助 "At"(准确地、及时地)分析平台,使 "1+*N*" 精准考核模式与班组量化积分有效融合。**一是**在全公司范围内将 "关键业绩指标、重点工作任务指标、综合类指标" 提炼成为一套绩效量化考核积分标准库,量化各指标分值,确定指标牵头部门。**二是**由各级绩效经理人根据绩效管理需要在标准库中进行点单式选择,组成 *N* 种 "管理规范、各具特色" 的绩效管理考核指标库。**三是**允许绩效经理人确定临时事项分值,滚动修编至员工考核积分库,形成新的考核标准。**四是**将班组绩效经理人 "点单式" 的绩效管理考核指标库按照 "岗位积分、工作量化积分、综合评价积分和文明生产积分" 四个模块搭建 "At" 员工绩效积分实时统计分析平台,设置规范的积分审批流程权限,实现了员工积分与排名的自动计算、实时更新及动态显示,提升了一线班组的管理效率。

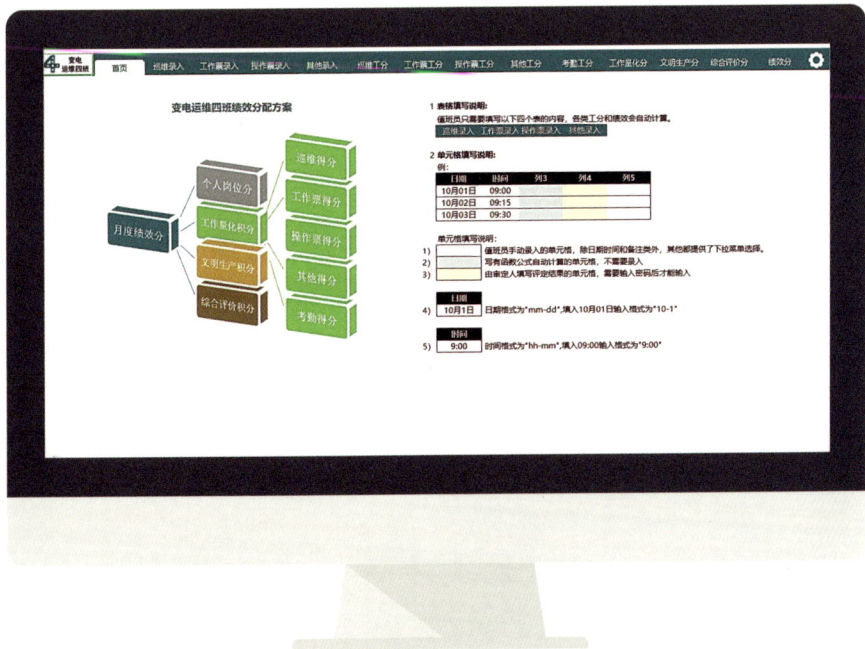

▲ 江西九江公司绩效管理 "At" 统计分析平台

案例 97 | 联研院实施科研人员矩阵式考核方式

　　科研人员考核包括项目工作考核和非项目工作考核两部分内容（二者权重依据考核对象不同予以确定）。其中，科研工作由项目负责人进行考核，包括但不限于：工作执行力、任务完成质量、文档归档情况、重大成果贡献等。如果一名员工在 N 个不同项目工作，则其项目工作考核结果为 N 个项目考核结果的加权求和，即项目工作考核结果 = $\sum$ 某一具体项目的考核结果 × 该项目工作所占权重，每名员工参与所有项目的权重之和为 1。非项目工作由所在研究室主任结合关键指标和任务、综合评价予以考核。考核结果直接与本人绩效奖金、薪档晋升、职业发展等挂钩。绩效奖金原则上不低于本人年度总薪酬的 60%，合理拉开收入差距。

83 如何设计员工绩效考核指标？

　　答：一是坚持目标导向。 根据部门下达指标及考核目标，结合员工岗位职责设定考核指标，促进员工与组织目标协调一致，引导各级员工主动服务公司发展战略。**二是坚持问题导向。** 聚焦各级组织管理中的难点问题，合理设置考核内容，引导各级员工聚焦短板，提升组织业绩、个人绩效。**三是实施动态调整。** 指标设置应兼顾近期与远期目标，强化与员工的沟通，并随着企业内外部环境变化、员工实际情况进行动态调整。

(84) 绩效经理人有哪些权责?

答: 绩效经理人负责与员工确定绩效目标、签订绩效合约、实施绩效评价、进行沟通反馈、制定改进计划等。

绩效经理人有绩效考核权、绩效工资分配权和员工发展建议权。**一是**根据员工业绩表现，开展月度或季度考核，开展年度绩效等级评定。**二是**可在公司薪酬分配基本原则基础上，组织制定内部二次分配细则，根据员工绩效考核结果对其绩效工资开展二次分配。**三是**根据员工的个人表现，对员工的发展提出建议。

(85) 如何避免“干得多、错得多、考核多”？

答：从员工看，公司对管理、技术人员的考核是以“三级三维”的方式进行评价的，员工承担的指标级别越高，加分的比例越大；承担的工作数量越多，在“量”的考核中基础分会有所体现，同时加分机会越多；当然，工作失误或延迟都将影响“质”和“期”的考核结果。对技能、服务人员的考核是以工作积分的方式体现的，员工完成工作数量的多少、质量的高低，决定了积分的多少，更多的是体现了能者“多劳多得”的分配导向。

从绩效经理人看，一是设计绩效考核指标时，应充分考虑岗位承载力，对兼岗兼职或承担岗位职责外任务人员，要平衡好工作“量”和“质”，正确衡量、评价员工工作价值。**二是**在坚持公平公正的前提下，适度宽容员工因缺乏经验、探索性试验、超过承载力的无意过失，避免考核产生负激励。

86 对于绩效连续为 A 的员工，有哪些激励方式？

答：根据《国家电网公司绩效管理办法》（国家电网人资〔2017〕114 号）和《国家电网有限公司关于深入推进全员绩效管理工作的通知》（国家电网人资〔2018〕444 号）的规定，对于绩效连续为 A 的员工，有以下激励方式：

（1）连续 3 年绩效为 A 的员工，可由所在单位结合实际给予一次性特别奖励，奖励标准原则上不超过劳模奖励金额。

（2）连续获得年度绩效 A 级的员工，当年可额外奖励 0.5 个积分；连续 3 年绩效为 A 级的员工，可适当缩短岗位晋升（由技能岗调配至管理技术岗、跨单位流动需满足一线工作年限要求）、评聘专家人才年限要求，优先安排职工疗养。

（3）绩优员工，可优先推荐参加更高层级岗位（职务）竞聘、专家人才评选、发展性培训、"上挂下派"培养锻炼和多岗位交流，可适当放宽在职员职级晋升、职称和技能等级评定等方面资格条件。

各单位可进一步拓展延伸，积极探索包含薪酬分配、福利保障、职业发展、员工关爱等多维度的"全面薪酬"体系，提升绩优人员的业绩获得感和满足感。

📋 **案例 98** | 给予绩优人员定向激励

冀北公司对生产一线工作年限长、连续 3 年绩效等级为 A 级的员工，按照其上年度月均工资水平的 1~2 倍进行奖励。

青海公司对连续 3 年 A 级的员工额外奖励 1 个绩效等级积分、1 次性物质奖励、1 次奖励性疗养。

甘肃公司对工作表现突出的员工，另设置 6 档优秀成长薪档，当员工薪档积分累计升薪至本岗级（职级）对应薪档区间上限，如果连续三年绩效为 A 级，则打开优秀成长薪档，如果累计两年绩效考核为 C 或一年绩效为 D 级，则关闭优秀成长薪档，薪级降至原封顶薪级。

湖北襄阳公司为绩效之星划定专用停车位，其家属可免费使用健身、图书借阅等设备设施，参与团建、培训拓展等各类活动。

87 C、D 级比例不作统一要求，是不是取消了 C、D 级评定？

答：对 C、D 级评定比例不作统一要求，不是取消 C、D 级评定，而是将 C、D 级评定规则和评定比例制定权下放给各单位，使绩效考核更符合实际、更贴近基层。各单位要履行好绩效管理主体责任，结合实际制定绩效考核结果评定实施细则，实现绩效考核的"精准画像"。公司从员工"德、能、勤、绩、廉"等五个方面规定了八项 C、D 的评价标准，各单位在此基础上进一步细化、明确，确保考核激励效果不弱化，避免形成"干多干少一个样，干好干坏一个样"局面。

📋 **案例 99** 有序承接总部授权，因地制宜，细化明确 C、D 级评定规则和评定比例，优化员工绩效评定方式，促进考准考实

江苏南京公司差异化设置绩效评定方式。打造组织、个人绩效"共同体"，业绩考核为 A 级的组织相比 C 级组织，组织内部员工的 A 级比例高出约 10 个百分点，激励全员担当、共创业绩。建立科级人员胜任力评价模型，通过公司评业绩、上级评担当、同级评协作的方式，多维度评价科级人员绩效，并强制科级人员 C、D 级人员比例高于一般员工约 3 个百分点，充分发挥以上率下的示范作用。

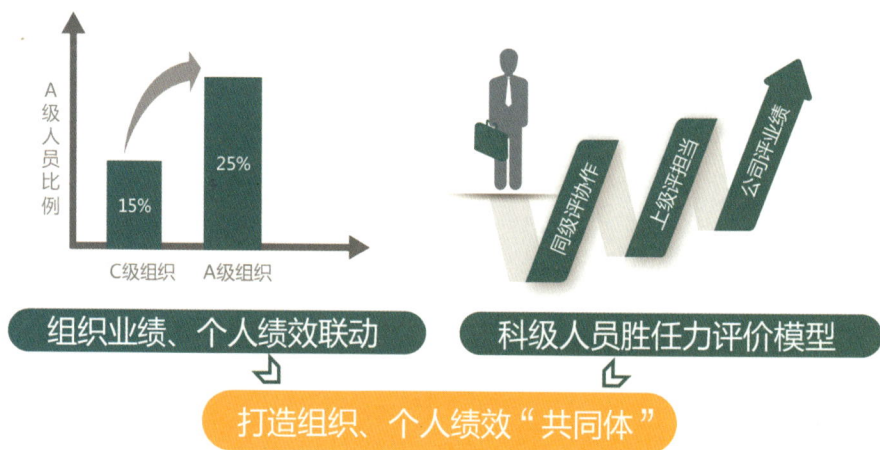

▲ 江苏南京公司打造组织、个人绩效"共同体"

青海公司下放全员绩效考核结果评定规则制定权。聚焦安全生产、优质服务等 15 个维度，提炼员工"越黄线""踩红线"行为，明确 A 级员工 6 项基本条件、5 项否决条件，C 级员工 10 项认定条件，D 级员工 9 项认定条件，引导基层精准评价。建立两级监控考核机制，强化过程监督，从考核分配关联性、薪酬分配激励、员工满意度进行多维度评估，对评估排名末位单位适时回收"规则制定权"，确保绩效考核结果评定应用管理"有抓手"。

(88) 绩效经理人如何做好绩效沟通？

答：绩效沟通是绩效管理的灵魂与核心，是绩效管理中最关键、最能促进工作开展、产生效果的环节，做好绩效沟通至关重要，人均沟通辅导应每年不少于 4 次。

绩效经理人做好绩效沟通工作可从以下几个方面入手：**一是周密计划。**明确面谈目的，与员工协商制定面谈计划和主要问题清单，并将面谈计划至少提前一天告知员工；认真收集、整理与员工工作绩效相关的工作原始记录、业绩证明等，确保谈话依据。**二是相互尊重。**建立融洽的交谈气氛，鼓励下属参与到谈话中。尊重下属，认真倾听下属申诉，站在对方的立场分析问题，在倾听中保持积极回应，不急于反驳，不轻易打断，在向对方核实所获取的信息之后，再表达自己的想法。**三是注重实效。**绩效面谈的最终目的是切实巩固和提升员工绩效，从而有效支撑团队目标。一份双方认可的绩效改进计划才是绩效面谈最终有价值的成果，从根本上来讲，整个绩效面谈过程都应围绕实效这个关键展开。

案例 100 | 四川德阳公司建立标准化绩效辅导“四步法”

德阳罗江公司员工按月、季、年度开展考核评价工作，年度考核同时评定绩效等级。去年科室负责人小王的绩效被评为 C 级，其绩效经理人李总对其开展定期绩效辅导“四步法”：**第一步明目标。**小王填写《员工绩效自评表》，从工作态度、能力、效率及工作成果等方面进行自评，李总通过分析自评信息，掌握小王业绩表现的自我认知和关注的重点（排序得 C 的原因）。**第二步找原因。**李总拿出绩效合约书和专项工作考核表等，总结了小王一年来的工作业绩和行为表现，准确清晰地告知其评 C 的主要原因：一是小王签订的“降投诉、降跳闸”工作未完成年度目标，被扣了优质服务满意率得分；二是该项工作推进有阻碍但未提前沟通，对工作进度缺少主动汇报，个人行为被扣分。**第三步定措施**。李总请小王谈了自己的看法，然后用就事论事的方法给予他建议。通过"辅导"小王受到了启发，计划编制《投诉压降管控工作手册》，明确相关部门与经信委、住建局等的协调事项，双方将工作计划、完成时间及改进承诺记录在《绩效面谈表》上，同时约定下次的沟通时间和内容。**第四步重实施**。小王定期向李总汇报工作进度及难点，同时不断修正改进措施。在年底由小王牵头的专项工作完成目标且提升率得分名列第一，他的年度综合得分也因此排在科室负责人前 3%，年度绩效被评为 A 级。

案例 101 | 宁夏宁东公司按季实施"亮目标、明措施、作承诺"绩效沟通会

公司领导班子成员、科级干部和职工代表共计一百余人参加会议。绩效沟通会由"一把手"牵头高位推进，明确具体要求，**一是**由 21 个部门负责人进行六分钟发言，"亮目标"——总结上季度工作亮点和不足、提出下阶段工作目标；"明措施"——针对性地制定工作提升措施；"作承诺"——提出与部门薪酬兑现、评先选优等相挂钩的"军令状"。**二是**领导班子成员逐个部室公开点评。从目标是否明确、措施是否有效和承诺是否坚定三个维度进行评价，肯定工作成效、提出存在不足，共同探讨解决问题的新思

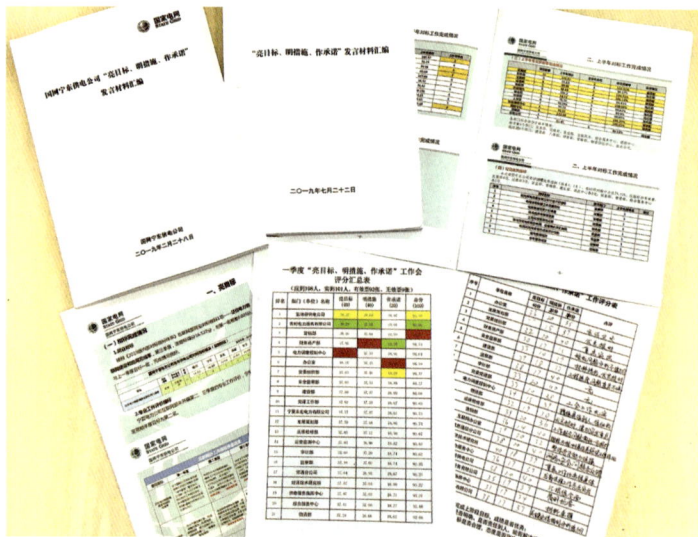

▲ 宁夏宁东公司绩效沟通会相关材料

路。**三是**职工代表打分评价。对各部门工作整体情况进行量化评价，提出建言建议，实现领导班子成员、部门负责人与职工代表之间的信息对等。**四是**反馈评价结果，调整下季度发言重点和评价维度，同时借助安全、监察、营销、运营“四位一体”的强化监督体系及时考核落实。绩效沟通会实施后，宁东公司在前三季度对标工作中有安监、运维、营销、建设四个专业排名第一，调度、互联网两个专业排名第二，职工满意度和沟通质效显著提升。

(89) 员工如何进行绩效申诉?

答：首先应调整心态，稳定情绪，对考核结果进行客观分析。其次，分析之后仍对考核结果不认同的，可在考核结果公示期内与绩效经理人提出绩效面谈申请。再次，准备好证明材料，与绩效经理人进行沟通，对存在分歧的考核点进行讨论，达成一致。最后，若在沟通后仍不能解决问题的，可以向本单位绩效办公室提出申诉，绩效办公室调查情况后反馈意见。对绩效办公室反馈意见仍有异议的，可向本单位绩效管理委员会提起申诉，由绩效管理委员会裁定。

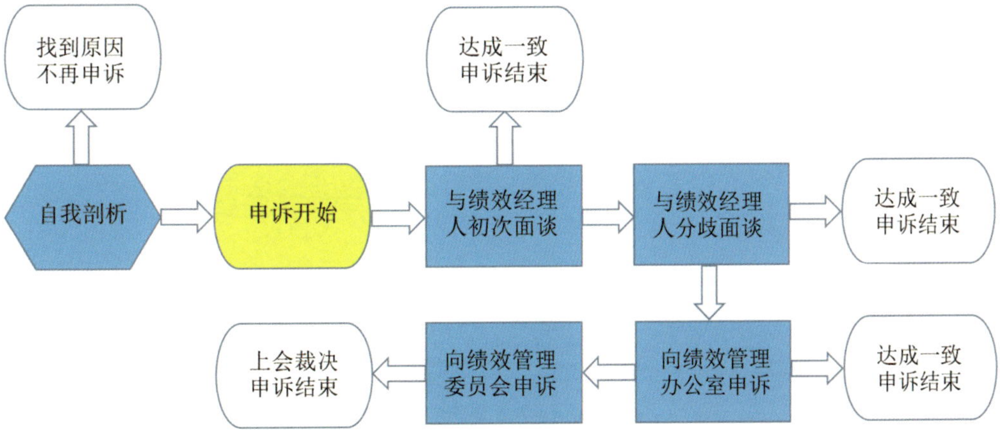

▲ 员工绩效申诉流程图

90 如何避免绩效考核"轮流坐庄"和"老好人"现象?

答:**一是建立科学的评价标准。**根据部门和岗位职责,细化分解业绩考核指标和年度重点工作任务,明确考核目标,建立贴近实际、易于操作、权责对等的考核标准。**二是公平公正开展绩效考核。**考核过程中,应注重收集员工的业绩素材,确保考核有依据;将考核情况定期"上网上墙",量化考核结果,确保考核结果公平公正。**三是提升绩效经理人履职能力。**聚焦绩效经理人能力短板,针对性开展绩效经理人培训,重点培训绩效理念、政策规定、履职要点、操作技能等内容,提升绩效经理人履职能力。**四是开展绩效管理工作成效评价。**重点评价绩效管理制度建设、考核分配一致性、各绩效等级员工绩效工资倍比,强化评价结果在业绩考核方面的应用,促进各级组织、绩效经理人规范管理。**五是建立结果反馈及应用机制。**将绩效结果刚性应用在岗位晋升、评先评优、降岗待岗、薪酬发放等方面,绩效结果与个人成长、薪酬激励等息息相关,促进员工主动参与绩效管理、主动关注绩效结果,倒逼考核实现考准考实。**六是营造良好的考核氛围。**加强绩效政策理念宣贯、搭建绩效管理交流平台,做好典型绩效经理人选树,形成良好考核氛围,营造公平公正的绩效考核氛围。

案例 102 四川南充公司建立团队绩效管理"公示栏",以绩效结果公开倒逼绩效管理公正

全方位公示绩效管理的四个环节,实现团队绩效由"抽象管理"到"形象展示"的转变。**一是**固化展示目标责任。分解团队指标、重点工作,表格化绩效合约,突出目标和责任人,按部门上墙公示。**二是**固化展示实施方案。制定方案,明确考核内容、评价标准,经民主确认后,系统挂网公示。**三是**固化展示员工业绩。员工个人"条目化"编

写工作计划和绩效总结，团队内公开展示，实现业绩高低一目了然。**四是固化展示绩效结果。**按业绩评分，按分值计酬，将员工考核期间加扣分内容、考核得分在团队内上墙公示，亮出结果。**五是固化展示沟通成效。**标注面谈进度，点出短板，商定改进措施，"一句话"归纳员工提升方向，在公示栏中"挂牌提醒"，强化持续提升。

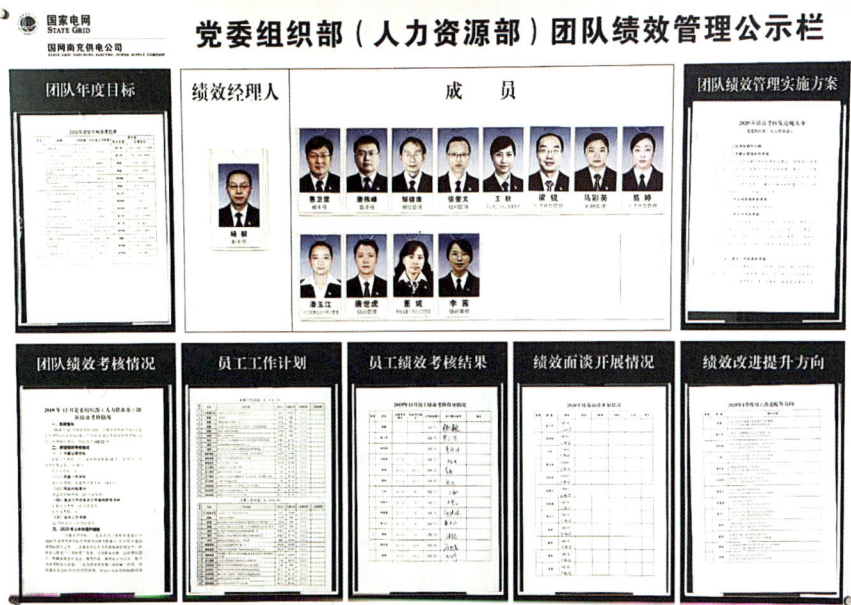

▲ 四川南充公司团队绩效管理公示栏

案例 103　福建公司推动绩效考核落到实处

福建龙岩公司充分发挥部门"市场主体"作用，授权部门可每月动态调整员工绩效系数；同时通过"月度管控、年度清算"的方式，严格管控绩效 A 级、C 级员工收入倍比，对月度轮流坐庄导致年度绩效 A 级、C 级收入倍比未拉开相应差距的，降低所在部门 A 级员工比例。

　　福建厦门公司引入标准分法〔（个人原始分数－所在群体平均分）/所在群体标准差＋公司平均分〕换算不同部门、不同绩效经理所评员工绩效得分，消除评分宽严尺度差异，解决干部考核得分、员工评先积分中跨部门可比性，同时对月度绩效标准差分差过小的部门进行过程通报预警；扩展一致性校验和细化 A 级、C 级倍比管控颗粒度，在落实月度绩效奖金和得分一致性指标基础上，对员工年度绩效总分和年度绩效等级一致性关系开展校验并考核一致性较差的部门，按季度模拟开展绩效奖金 A 级、C 级倍比分析，对未能达到倍比要求的部门开展原因分析和纠偏整改。

　　福建漳州公司对部门负责人和班组长两类绩效经理人开展双向全周期量化履职评价，按不同绩效经理人类型，将绩效管理全过程细分为 27 个履职要点（部门负责人 14 个、班组长 13 个），分别由其上级、下级（或班员）进行量化评分。评分结果强制排名，前 15% 评价为"优秀"并在年度绩效考核评价中予以专项加分，后 5% 纳入年度培训计划，开展绩效履职能力针对性辅导提升。

保障篇

91 为什么说三项制度改革是各级单位"一把手工程"？

答： 三项制度改革是企业全面深化改革的核心任务，是建立现代企业制度、增强企业内生动力的制度基础，也是激发员工活力支撑企业高质量发展的关键举措，更是增强公司市场竞争力的迫切需要。三项制度改革影响价值格局、社会地位和利益分配，与员工活力和企业创新力息息相关，问题复杂，是改革开放 40 年来步履最慢的部分，是影响国企改革的顽疾；三项制度改革是系统性工程，需要从全局高度统筹推进，需要各级单位主要责任人来协调改革过程中出现的不同意见，敲定改革的实施细化方案，拍板处理出现的矛盾、问题、利益关系，推进过程中各级单位一把手只有全程"在线"，直面问题、直面挑战，责任担当，统筹资源，集中力量，才能确保改革顺利实施。

案例 104 ｜ 用好绩效指挥棒　激发员工新活力

国网玉山县供电公司以实现"目标与价值双提升"为导向，以绩效考核与专项奖励双轨运行为载体，以供电所绩效量化积分为重点，将组织目标与员工个人收入绑定，实现绩效管理的全员、全业务、全过程覆盖，优化人岗匹配、考核工具、薪酬分配，在确保省、市、县三级单位管理目标落地的同时，达到了员工收入能增能减，干多干少不一样、干好干坏不一样的管理目标。

一、主要做法

（一）推行定员核定工资总额，倒逼控制用工总量

工资总额与用工总量联动，按定员核定包干工资总额。对管理机关和业务机构，以部门和机构为单元，每冗员 1 人按岗位绩效工资基数的 70% 核减月度绩效工资总额，每缺员 1 人按 70% 核增月度绩效工资总额，在解决"多要人"的同时，大大提高工作效率。对供电所，按照户数、线路长度、专公变台区等台账测定各所定员，针对供电所前期冗员情况，应用冗缺员系数核定月度绩效奖金，将每个供电所实际用工配置率与供电所整体配置率进行比较，按比例核增、核减绩效工资总额，在盘活存量、引导人员有序流动等方面起到很好效果。在现供电所已解决冗员问题基础上，切换至完全按定员核定绩效奖金总额的模式，通过"盘台账、核定员、算奖金"方式，实现增人不增资、减人不减资。

（二）实施考核必扣机制，重构绩效考核体系

全面推进同业对标、企业负责人业绩指标考核两大体系"双向融合、一体管控"，绩效考核与专项奖励"双轨运行"，实现绩效管理的全员、全业务、全过程"三全"覆盖。不断完善全员绩效管理的考核、评价、激励机制，结合专业和业务管理，把握目标导向，逐级分解公司年度目标和重点工作任务，从量、质、期三个维度设置考核目标和评价标准，并贯穿于专业管理和业务流程全过程。

（1）充分发挥"大绩效经理人"履职作用。公司主要领导对班子副职领导开展月度评价，领导班子成员与分管专业、挂点单位绩效联责考核。制定领导"四挂点"考核方案，由公司领导挂点关键指标、重点项目、重点企业、供电所及网格，公司领导与挂点指标、挂点单位、挂点人员同考核、同评价、只扣不奖。

（2）"必扣制"消除绩效"人情"考核。各分管领导每月对分管专业或跨专业间协作等工作进行考核，按 0.5~1 分每项进行必扣制；专业部门实施联责考核，限定扣分标准每项不得低于 0.5 分，部门月度扣分不得少于 2~3 分，加分则不得高于扣分的 50%。

（3）"强制分布"消除绩效"平均"分配。年度采取组织绩效和个人综合评价相结合的方式，围绕重点工作、重点指标完成情况，个人履职情况分部门和供电所两个单元进行强制排名，根据排名按照 0.60~1.60 区间设置部门、供电所负责人年度绩效兑现系数。

（三）充分授权一线班组，完善量化积分考核

供电所建立三重量化考核积分库，员工工作按照千分制实施"数量积分（50%）、质量积分（40%）、附加积分（10%）"三重量化积分考核。充分授权供电所差异化设置工作积分角色系数和难度系数，考核更加公正合理，导向更加鲜明。

（1）结合设备主人，设置一重数量积分。取台区户表数、公专变台数、高压线路长度、低压线路长度，按照乡镇供电所人均管辖户表数、线路有效管理长度、周期巡视时长等设定数量积分标准，数量积分不低于个人月度总积分 50%。采取认领、分配相结合方式，综合考虑个人承载力、台区线路地域分布等因素，优化员工设备管理配置。数量积分使设备主人更加清晰，责任划分更加明确，体现"干多干少"不一样。

（2）适时动态调整，设置二重质量积分。针对安全生产、供电服务、经营效益重点指标和阶段性重点工作，按一定标准设置质量积分考核指标和内容，各供电所根据实际情况和重点工作需要补充设置质量积分考核项目和内容，体现"干好干坏"不一样。

（3）临时派工抢单，设置三重附加积分。把增派工作或临时重点工作（抢修、保电任务）、荣誉表彰等纳入附加积分，实施所长、班组长派单，员工抢单获得附加分的方式，转变员工工作态度，由"要我干"向"我要干"转变。

（四）加大一线倾斜力度，完善收入分配体系

（1）围绕价值导向，构建以岗位、绩效与体现个人价值相适应的收入分配制度，在实施职工岗位绩效工资制的基础上，借鉴主业职工岗位绩效工资套改经验对农电用工进行薪改，实施了岗位绩效工资制，统一各类用工工资制度，通过薪档积分的方式拓宽农电用工工资晋升途径和空间。

（2）对主营业务、安全生产责任较大的班组绩效系数根据班组类别按 1.1~1.4 倍予以上浮，对生产一线优秀员工按照岗位年限发放一线津贴，2019 年共发放津贴 10.92 万元。提高生产部门、基层供电所负责人月绩效系数并进行差异化设置，按照机关部室负责人绩效工资 1.2、1.15、1.1 倍设置绩效工资系数。对向供电所岗位流动的机关专责，上浮 1.3 倍月度绩效工资。设置自主运维、自主检修专项奖，充分调动一线员工谋事干事积极性。

（3）按专业部门分设专项考核奖金池，充分授权绩效经理人工资分配权。对部分专业设立总量相对固定、可包干使用的专项考核奖，按专业部门分设奖金池，扣罚金额回归各部门专项考核奖金池，年度经党委会确定比例及金额进行分配奖励。对月度考核设置部门奖金池，允许部门绩效经理人对考核奖惩金额进行预留，年度清账。

二、主要成效

（一）目标价值导向明显

发挥工资引导激励作用，极大调动了干部员工干事创效的积极性，玉山县公司 2019 年人均收入整体增长，有效拉开了员工工资收入差距，形成了"工资靠挣出来"的价值导向。年度工资收入最高的供电所比最低的多出 3 万元，一线班组员工人均年度工资收入增幅是部门员工近一倍，供电所负责人的人均年度工资收入增长率达 25.5%，是机关部门的 1.5 倍，供电所员工最高和最低相差 4.78 万元。按照 2019 年部门单位年度排名，部门负责人第一名和最后一名相差 8500 元，供电所负责人第一名和最后一名相差 1 万元。

（二）业绩指标提升显著

2019 年全面完成了年初既定的各项目标任务，全年完成固定资产投资 7579.18 万元；售电量 13.66 亿千瓦时，同比增长 22.51%；综合线损率 4.6%，同比下降 2.17 个百分点；电费回收率 100%；实现概念收益 25945.83 万元，同比增长 26.59%。2020 年 1~4 月，0.4 千伏线损分别是 4.42%、4.1%、3.60%、3.45%；10 千伏线损分别是 4.24%、3.46%、2.82%、2.75%，线损连续下降，收益提升。

（三）管理水平全面提升

公司荣获省公司同业对标"业绩进步标杆"，《以员工价值体现为目标的"全能型"供电所薪酬管理》课题获得江西省第十九届创新成果一等奖。2019 年玉山县公司被省公司授予"先进县级供电企业"称号，公司党委被省公司授予"党建责任落实标杆"称号。到 2019 年公司有 1 个所创建成"五星级"供电所、5 个所创建成"四星级"供电所、2 个所获得国家电网公司"先进班组"称号。

三、可推广的经验

（一）定员核定绩效奖金

定员标准应当精简清晰，绩效工资总额核定应当易懂易操作，关键设备台账、项目多次征求员工意见，开展民主讨论。做到制度透明，执行有据，达到理想效果。

（二）实施考核必扣机制

实施必扣制，发挥绩效考核杠杆作用，补齐管理"短板"，压实领导班子及各部门单位考核责任，有效推动分管专业及跨专业间协作工作，促进绩效考核落地。

（三）供电所量化积分管理

统一供电所积分量化项目，质量积分内容和标准可以根据重点工作、关键指标变化适时动态调整；通过质量积分可以反映员工承载力，作为数量积分重新调整分配参考。

（四）薪酬分配向一线倾斜

对一线生产技能班组上浮绩效系数，发放生产一线津贴；对生产部门及供电所负责人上浮绩效系数；专业考核奖金池年度清账分配时再次向配网、营销、供电所生产一线岗位倾斜。

案例 105 | 重庆合川公司 16 年连续 6 届周期全员竞聘显活力

重庆合川公司于 2004 年由地方上划改制成立，成立之初管理人员冗余，工作积极性不高，不愿学、不愿干，"大锅饭""铁饭碗摔不烂"及岗位"终身制"等国企旧观念盛行，员工队伍死气沉沉，成为领导不愿去、员工不愿呆的渝西边缘化单位。面对管理困境，重庆合川公司把持续开展全员竞聘作为促进人员流动、激发员工活力、提升管理水平的发力点和突破口，自 2005 年起开展连续 6 届全员竞聘，中层干部、专责、班组长全体"起立"，管理人员由"一任到底"转变为"一任有效"，干得好就续聘和提拔，干不好就退出和降职降岗。经过历任领导多年坚持和培育，管理水平、经济效益、业绩指标等大幅提升，蜕变成为重庆公司明星标杆单位。

一、主要做法

（一）健全制度夯实管理基础

组织召开 18 次调研座谈会，在充分征求意见建议基础上，印发《全员竞聘管理办法》《中层干部选拔任用管理办法》《专责、班组长动态管理办法》等制度，进一步明确岗位体系，工作职责、任职资格、岗位岗级、目标任务、降岗及退岗条件等要求，建立健全竞争上岗、动态考核、到期调整等机制。

（二）流程规范确保公正公平

制定岗位竞聘和上岗工作流程，实行"确定岗位—编制方案—公开报名—资格审查—笔试面试—组织考察—组织审核—公示—上会讨论—任免聘用"全过程录音录像管理，职工代表全程参与民主测评和打分，监察、党群、工会等相关专业部门协同配合全过程监督。在竞聘过程中，赋予各级负责人选人用人权，单位领导选中干，中干选专责和班组长，班组长选员工，一级对一级负责。建立团队自我选聘机制，部门车间和班组负责人挑选精英骨干，其他成员选聘不仅需要组织认可，而且还需要团队成员 80% 通过，既保障公平，又有效传导各级负责人压力。

（三）健全考评激励严格执行

开展中层领导人员年度测评，部门内测、中干互评、职工代表测评、党委（领导班子）考评四个方面，占比为 30%、20%、20%、30%，公司党委保留对中层干部年度考评得分 0~2 分的修正权，明确优秀、称职、基本称职、不称职具体表现及分值标准。对获得"优秀"考评结果的优先提拔使用；获得"基本称职"考评结果且在其中连续两年排名末位的，岗级下降 1 岗执行；获得"不称职"考评结果的，按降职或免职进行处理。开展专责及班组长履责情况年度评定和民主测评，以部室、车间为单元，由分管领导、部室（车间）负责人、职工代表按 0.4、0.4、0.2 的权重进行评定，评选优秀、称职、基本称职、不称职等四个等级，评价结果与劳动报酬、专业技术评聘、评优评先等挂钩，对年度考评不合格的予以解聘，不再享受原有待遇。

（四）统筹推进固化管理氛围

真正建立周期全体起立、竞争择优上岗的管理制度，并将其固化为行为习惯和企业文化，不但需要持之以恒地推进聘任制，让优秀员工看到"盼头"，更需要统筹推进绩效考核、薪酬分配等方面，让能干事的员工得到"实惠"。在全员竞聘推进过程中，所有人员岗位悬空，工作推进阻力较小，借机借势解决岗级不规范、因人设岗等历史遗留问题。新岗位新规则，配套减人不减资工资承包机制，引导部门车间负责人和班组长主动退出不胜任岗位的员工，同时加大全员绩效考核，工资收入拉差达 2.7 倍。开发"点点用车"App，创建包含驾驶员出车次数、行车时长、行车里程、白班晚班、员工乘车满意度等指标量化绩效考评体系并依托系统自动统计，驾驶员派单变抢单，全面提升了驾驶员工作积极性和用工效率。

二、主要成效

（一）员工精神面貌焕然一新

重庆合川公司通过连续 6 届 16 年周期全体起立和全员竞聘，形成岗位靠竞争、保岗靠实力、在岗有考核、收入凭贡献的管理文化和企业氛围，聘期期满想调整岗位的员工，主动询问什么时候开展竞聘上岗。广大干部员工竞争意识、本领恐慌意识、多劳多得意识等市场化理念增强,把职业当事业,真抓实干、竞相作为,矛盾少了,怨言少了,信心足了,干劲足了。

(二)队伍活力显著提高

新任干部任职期限到期,如果工作不力,在新一轮的全员竞聘中就会落聘,使每个人都感到,只要成长,就有机会,只要懈怠,就被取代,进而实现管理人员有压力,员工队伍有活力,优秀人才有动力,企业经营有实力。16 年来中层领导人员能上能下调整48 人次、占比 23%,专责班组长能上能下调整 195 人次、占比 32%,流水不腐,在流动中员工成长成才通道得以畅通。

(三)管理水平和效率效益大幅提升

通过全员岗位竞聘和考核目标量化,员工履职意识显著增强,短板指标得到有效提升。重庆合川公司全员劳动生产率由 2005 年的 8.4 万元 /(人·年)提高到 135.9 万元 /(人·年),提高了 16.2 倍,综合线损由 18.6% 降为 4.4%。2019 年 10 个专业管理提升度位列重庆公司第一位,12 个专业工作考核位列前七名,6 个专业位列前三名,3 个班组获得标杆称号。同期线损指标 5 次入选国家电网公司百强县公司,狮滩供电所同期线损 4 次入选国家电网公司百强供电所。"点点用车"App 考核法、"上不封顶"开放式激励法、台区经理责任包干考核法等 3 项成果入选国家电网公司绩效管理工具箱,多次迎接国家电网公司检查。

三、可推广的经验

(一)逐级授权、团体决策的推进方式

全员竞聘一般按照从上至下逐级逐次依次开展,赋予各级负责人选人用人权,一级对一级负责,一级选一级。在选聘过程中,由各级负责人牵头组建选聘团队,根据相应规则集体决定本团队聘任人员,达到兼顾公平、传导压力双重效果。因竞聘暂时出现的空缺岗位,应通过临时兼职等方式,确保秩序不乱,工作不断。

(二)配套全员竞聘的相关激励措施

全员竞聘是全体起立格局重建的过程,在竞聘过程中员工岗位"悬空",工作推进

阻力较小，可以借机推进"积、难"工作。例如，借机开展机构优化整合工作，借机解决岗级管理不规范、因人设岗、管理岗位超员等历史遗留问题，配套工资承包机制，让部门车间负责人和班组长主动退出履职态度差、工作不积极的员工，调整到低层级、低收入岗位，在节约出工资用于激励绩优人员的同时，节约外包费用。

案例 106 ｜ 英大财险公司探索推进职业经理人机制

英大财险公司全面贯彻落实公司三项制度改革工作要求，按照公司职业经理人相关办法，对下属各级机构经营班子取消行政级别、淡化身份观念、强调契约精神，按照市场化、专业化、职业化的原则，推动各级机构经营班子职业经理人机制的全面落实。

一、主要做法

（一）畅通职业经理人的市场选聘机制

一是坚持党管干部原则不动摇。在明确二级机构负责人党委管理、三级及以下机构负责人党委代管的总体原则下，社会招聘、内部选聘职业经理人严格履行干部考察、集体决策等各项程序，确保选人用人工作的高标准严要求。二是全面推行市场化管理，取消各级机构班子行政级别。落实公司三项制度改革工作要求，淡化身份观念，取消分公司、中心支公司及支公司负责人的行政级别，按照市场化运行机制明确职责定位与行权空间，厘清职责界面，适度市场化授权。

（二）规范职业经理人的激励约束机制

一是市场化定薪，建立单独的机构负责人薪酬管理体系。根据不同市场竞争环境，因地制宜、因时制宜，对职业经理人薪酬实施差异化管控。对于公司服务区内的机构，根据市场占有率、保费计划、等级系数、地区系数、管理绩效等关键指标核定二级机构负责人薪酬年收入标准；对于公司服务区外的机构，年度薪酬标准严格按照"战略＋财务"的管理思路，负责人薪酬由业务规模、利润、风险扣分项确定，简化评价标准。同时，为进一步激发职业经理人工作活力，对分管业务条线的机构副职薪酬按照条线业务情况单独核算，根据分管业务达成情况进行绩效薪金的兑现，有效激发其主观能动性，促进各条线业务均衡发展。

二是契约化管理，建立与激励相呼应的考核约束机制。全面提升职业经理人的契约化意识，组织职业经理人签订业绩考核责任书，明确职业经理人年度各项量化经营目标，严格执行考核结果的强制评级，实现了年度薪酬标准由经营目标决定，年度薪酬水平由经营结果决定，二级机构职业经理人年度绩效最低兑现结果可降为 0。按照机构层级分解落实年度绩效责任，二级机构负责人与所辖三级机构负责人再签订绩效考核责任书，传导经营压力，压实考核目标。

（三）完善职业经理人的监督退出机制

制定下发《领导人员聘期管理办法》，明确职业经理人试用期、聘期管理机制，原则上职业经理人两年一个聘期。在薪酬管理规定的标准之外，再进一步明确四项聘期保费、利润激励条款，六项聘期问责条款和两大方面十五项聘期退出条款。对于业务完成度高、利润完成度好的机构经营班子，给予额外的聘期奖金激励；对于业务完成度低、绩效考核差的机构经营班子，根据业绩指标完成度、绩效考核等级、"红线"指标等情况，给予降薪、调岗、降职或免职等处罚措施。

二、主要成效

（一）全面实现职业经理人及其所辖机构薪酬总量能增能减

二级机构职业经理人与考核结果直接挂钩薪酬不低于 70%。2019 年所辖各单位职业经理人正职薪酬最高最低倍比达到 1∶2.3，薪酬增幅最高为 55.6%。8 家单位业绩（效益）下降，机构负责人薪酬相应下调，最大降幅为 35.5%。2019 年所辖各机构员工平均工资最大增幅为 21.3%，最大降幅为 48.0%。

（二）逐步深入推进领导人员能上能下

三年来，二级机构正职免职 1 人，因绩效不达标主动辞职 2 人；其余各级经营班子累计免职、业绩不达标主动离职 20 余人。

三、可推广的经验

（一）职业经理人的激励与约束

职业经理人可以在岗位绩效工资制之外，探索尝试销售提成制、年薪制等其他工资制度。职业经理人的年薪标准应当通过内外部调研等方式，实现与市场价位基本接轨。明确职业经理人的薪酬结构、薪酬标准的决定因子，按照"战略＋财务"的管理导向，薪酬制度明确业绩挂钩比例，并根据自身公司风险合规的容忍度，制定适当的风险合规管理否决项。

（二）职业经理人的聘期及契约化管理

职业经理人聘期制度应当明确聘期、试用期相关条款，明确聘期激励、聘期退出的工作情形，明确职业经理人续聘条件、聘期满不胜任岗位的转岗措施，明确上升下降通道。做到制度透明，执行有据。

四、适用范围

市场化程度较高的金融、产业单位所属分、子公司及其他下级经营机构，其领导班子中负责日常经营管理的正、副职岗位，可适当考虑职业经理人制度。但如出现党、政分设的情形，如仅仅对"政"职业经理人化，在国有企业集体决策背景下，要考虑"党""政"之间因为身份不同导致决策风险偏好度的差异性问题。

92 如何营造三项制度改革的良好氛围？

答：（1）**全员宣贯**。通过内网网页、微信公众号、手册、展板、培训、推进会、知识竞赛等载体，广泛开展三项制度改革的政策宣贯，使广大干部员工认识到改革意义和必要性，明晰改革的目标、路径、措施和改革成效，赢得广大员工对改革工作的理解和支持，进而引导员工转变观念、凝聚共识，营造深化改革的舆论氛围。

（2）**正面引导**。建立集中研讨、信息月报、动态交流、"上门服务"和"把脉问诊"等工作机制，加强政策研究、组织协调和跟踪指导，重点宣传改革对企业和员工提出的要求、积极的作用、产生的机遇及对员工发展的长远影响，把事实讲清楚，把案例摆贴切，让员工感同身受，触动员工思想意识的深度转变，引导员工顺应形势坚定决心，增强"获得感"，激发"源动力"，为三项制度改革注入强大内生动力和全员活力。

（3）**典型带动**。及时总结三项制度改革产生的成果和对企业发展的效果，及时提炼三项制度改革中的好做法、好经验，注重挖掘和培育典型，宣传推广，发挥典型案例的"示范效应"，激发良性竞争的"鲶鱼效应"，奏响"最强音"，提振"精气神"，营造"典型带动、全员参与"的干事创业氛围。

（4）**加强考核监督**。建立三项制度考核评价机制，将考核评价结果应用于负责人业绩考核、工资总额分配等，以严格的考核应用，倒逼各单位主动作为。依托巡察、审计等手段，发现各单位制度执行方面的问题，督促各单位整改落实，确保制度执行到位。

93 如何保障三项制度改革依法合规？

答：**目标是导向**。牢牢把握推动企业高质量发展、全体职工受益的改革目标，以企业发展中的难点、堵点、痛点问题为切入点，一是变制度"选择性执行"为系统性执行，引入任期制、契约化、市场化等运作方式，解决管理机制不活、执行穿透力不够。二是变"单轨运行"向人资制度执行与业务指标相结合"双轨制"运行，将人资考核办法与业务指标相结合，解决企业发展动力不足。三是变"无底线"为明底线、画红线，打破"终身制""铁交椅"壁垒，盘活存量，让问题化解更有力。

制度是保障。一是要加快制度清理，列出具体清单，针对性实施执行偏差"补位"，为稳妥有序推进改革提供规范依据。二是要强化顶层设计，在"六能"核心任务实施过程中，靶向发力，形成可复制、可移植、操作性强的实施方案。三是要加强民主协商，制定涉及员工切身利益的方案、制度、措施等政策文件，务必要依法合规地经过民主、法律程序决策，赢得广大干部员工的认可，加强风险防范。

规范操作是关键。一是要加强沟通，强化政策宣贯和思想教育，执行过程中体现"公开、公平、公正"，切实保障职工的知情权、参与权和监督权。二是要加强过程管控，政策执行要规范，涉及争议问题要注意留痕、重要资料要注意保存，亦可追溯。定期交流通报、督导，把脉问诊、及时整改纠偏。三是要加强考核监督。落实改革主体责任，建立健全改革工作考核评价机制，强化节点管控，加大考评结果应用力度。

❾❹ 如何处理好三项制度改革中存在的稳定问题？

答：一是担当作为，统筹推进。要正视改革过程中的稳定问题，改革触及利益，不可避免会产生稳定问题，对此要有充分的预计，但同时不能因为稳定问题不改革或改革打折扣，要树立稳中求进的工作基调。"稳"就是要处理好改革与稳定的关系，要把安全生产、队伍稳定作为改革的"硬约束""硬要求"。"进"是必然，不是无所作为，也不是不敢作为，而是要在把握好度的前提下消除顾虑，奋发有为，知难而进，以进促稳。

二是程序规范，措施具体。要以问题为导向，以职工关注的热点问题为基础，在充分调研，广泛征求职工意见的基础上，制定工作方案，出台政策前要反复酝酿，考虑周全，对涉及职工利益的问题，严格履行决策程序。

三是以人为本，换位思考。面对职工稳定问题，要有换位思考的心态，不能站在职工的对立面，对职工的合理诉求要积极响应，迅速解决，对因政策认知不到位形成的稳定问题，耐心做好宣传解释工作。

四是坚持标准，公平公正。改革措施一旦确立，必须要严格按标准执行，不能因人因事搞变通，打折扣，执行过程中要以公平公正为原则，及时做好信息披露，避免暗箱操作。

95 三项制度改革中，如何保护改革者、实践者？

答：以鼓励激励机制为牵引，强力激发干事创业的激情。一要注重晋升激励，让真正的改革者、实践者职业发展上有盼头。要将干部的提拔任用同改革发展等中心工作紧密挂钩，发现干部、锤炼干部、选任干部，对推动发展有办法、改革治理有成效，组织信任、群众公认的干部要优先提拔使用，达到"提拔一人带动一片"的效果。二要注重物质奖励，让真正干事的改革者、实践者薪酬待遇上得实惠。将三项制度改革成效与企业负责人业绩考核、单位的工资总额挂钩。对成绩突出、进步明显、考核优良的单位及其负责人，给予一定的物质奖励，就是要让干事者得实惠。三要注重精神鼓励，让真正干事的改革者、实践者在荣誉上有体现。坚持对完成任务好的单位和个人，大张旗鼓地宣传表彰，使改革者、实践者在干事创业中得到广大干部员工认可，实现人生价值。

以容错纠错机制为牵引，着力消除改革者、实践者的顾虑。通过科学的机制，让改革者有为、让创新者出彩、让担当者无忧。一要为锐意改革者鼓劲。改革在推进过程中都会触及固有利益，如果处处瞻前顾后、回避矛盾、明哲保身，改革就会寸步难行。对真正谋改革、抓改革的干部员工，要鼓励他们消除思想顾虑，积极作为，该表扬的表扬、该评优的评优、该重用的要重用。二要为勇于创新者容错。改革创新就存在风险，很多成绩都伴随着试错纠错的过程，对他们在推进改革中出现的失误或偏差，要认真甄别、准确研判、妥善处置、合理容错，以增强改革创新者的信心和勇气。三要为敢于担当者撑腰。对个性鲜明、坚持原则、敢抓敢管、不怕得罪人的改革者，要坚持实事求是，严查诬告陷害的行为，敢于主持公道，旗帜鲜明地支持保护改革者，大力营造改革创新良好环境。

96 三项制度改革成效评价的重点有哪些？

答：一是改革的组织落实情况。主要看改革的长期规划设计、组织领导、责任落实，制度体系建设、执行及覆盖面等情况，改革举措是否符合企业发展的要求，有没有形成可复制可推广的经验做法。**二是企业经营效益提升情况。**坚持以效率效益为导向，既要通过抓改革促发展，又要围绕谋发展来促改革。不断推进组织机构设置科学规范，用工机制高效完善，绩效考核体系健全有效，促进劳动生产率、人工成本投入产出效率等指标有效提升。**三是职工队伍活力提升情况。**改革氛围浓厚，员工了解改革、积极参与改革，广泛认同"六能"导向和做法，员工改革获得感、满意度不断提升，队伍稳定、人力资本效率效益提升。

97 如何形成三项制度改革长效机制？

答：**一是加强宣贯教育，培植改革良好氛围。**要坚定改革思想信念，提振改革执行者、实践者的精气神，多形式多渠道开展改革宣传、形势教育，坚持企业与员工共同发展的原则，把广大干部员工的思想和行动凝聚到改革发展的大局上来。

二是完善制度建设，建立改革保障机制。着力提高制度建设的科学性、实用性，对经实践检验行之有效的制度继续抓好落实，对不适应新形势新要求的抓紧修订完善，对缺乏制度规范的领域抓紧填补空白，使制度管得住现在、跟得上发展、经得起检验，形成用制度保障改革的长效机制。

三是强化监督考核，促进改革落地见效。积极完善监督考核机制，压紧压实改革责任，增强制度的执行力和约束力，科学制定成效评估体系，重视改革成效的评价，加大结果的运用力度，让监督考核作为推进改革落地的重要保证。

98 为什么三项制度改革需要平稳推进？

答：改革需要借势借力，统筹平衡推进齐步走，容易处理各类矛盾，改革阻力小。紧盯一部分群体改革，只在基层和一线动刀，改下不改上，改"民"不改"官"，不但缺乏自上而下的表率引领，而且会导致改革失衡，激化矛盾。

99 三项制度改革是否只是人力资源专业的事？

答：不是。三项制度改革关乎企业发展与未来，关乎每一个员工切身利益，广大干部员工与企业同呼吸、共命运，需要各专业共同谋划、协同配合，需要广大干部员工主动参与。各级领导干部是改革的"领航者"，各单位（部门）构成改革的"责任链"，各级绩效经理人是三项制度改革的"执行单元"，广大员工是三项制度改革的主要参与者与依靠力量，共同绘就改革"同心圆"。

⑩ 三项制度改革何时完成？

答：三项制度改革只有进行时，没有完成时。三项制度改革不是目的，而是手段；不是为了改革而改革，而是一场关乎国家经济健康稳定发展、关乎社会和谐稳定、关乎企业高质量发展的一场持续改革实践，是新时期我国改革开放的重要内容。三项制度改革涉及企业和员工的根本利益，具有系统性、长期性、艰巨性，改革成果尚需时日显现。在高质量发展的今天，三项制度改革也迎来了重要的机遇期，推进改革需要凝聚广泛共识，解放思想、转变观念、常抓不懈，让每位干部员工在改革中持续做参与者和受益者，通过切实有效的改革举措，进一步激发企业和员工活力，为社会创造更大价值，更好服务经济和社会发展。